똑똑한 고객서비스

데브라 스티븐스Debra Stevens 지음 | 박선령 옮김

시그마북스
Sigma Books

똑똑한 고객서비스

발행일 2014년 8월 1일 초판 1쇄 발행
2016년 5월 10일 초판 2쇄 발행
지은이 데브라 스티븐스
옮긴이 박선령
발행인 강학경
발행처 시그마북스
마케팅 정제용
에디터 권경자, 장민정, 신미순, 최윤정
디자인 최희민, 윤수경

등록번호 제10-965호
주소 서울특별시 영등포구 양평로 22길 21 선유도코오롱디지털타워 A404호
전자우편 sigma@spress.co.kr
홈페이지 http://www.sigmabooks.co.kr
전화 (02) 2062-5288~9
팩시밀리 (02) 323-4197
ISBN 978-89-8445-586-3(03320)

Brilliant Customer Service

* 시그마북스는 (주) 시그마프레스의 자매회사로 일반 단행본 전문 출판사입니다.

CONTENTS

머리말

사람들은 좋은 서비스를 기대하지만 이것을 기꺼이 제공하는 사람은 거의 없다.

– 로버트 게이틀리Robert Gately, 게이틀리 컨설팅 사장

15년 동안 각종 업계를 상대로 고객서비스 교육을 실시하는 동안, 훌륭한 고객서비스의 원칙은 누가 봐도 명백하다는 사실을 깨달았다. 여기에는 복잡한 부분도 정말 충격적인 이론도 없고 흥미진진한 최신 모델 같은 것도 존재하지 않는다. 우리가 이것을 아는 이유는 우리 또한 고객이기 때문이며, 고객이 어떤 생각과 느낌을 가지고 무엇을 원하는지도 잘 알고 있다. 이 책을 읽는 동안 왜 고객서비스가 그토록 중요한지를 잊지 말아야 한다. 상투적인 말이지만 고객은 우리에게 급여를 주는 사람들이다.

여러분이 기업 경영자라면 사업을 키우고 돈을 많이 벌기 위해서는 기존 고객을 잘 유지하고 새로운 고객을 끌어들여야 한다는 사실을 이미 누구보다 잘 알고 있을 것이다. 훌륭한 서비스를 제공했을 때의 정말 좋은 점은 이 두 가지 목표를 모두 이룰 수 있다는 점이다. 기존 고객의 추천을 통해 새로운 거래처를 얻는 것만큼 만족스러운 일은 없고, 이들이 다시 여러분의 옹호자가 되면 또 다른 이들에게 추천을 해줄 것이다. 그야말로 진정한 스노볼 효과snowball effect를 얻게 되는 셈이다. 고객서비스의 최일선이라고 할 수 있는 고객서비스 담당 부서에서 일하거나 소매업, 엔터테인먼트, 여행업계 등에서 일하면서 고객을 직접 상대하는 경우에는 이 책을 읽는 동기가 기업 경영자들과는 좀 다를 것이다. 고객이 여러분의 급여를 준다는 말은 물론 사실이지만, 여러분의 경우 이 책은 일을 좀 더 쉽고 즐겁게 할 수 있도록 도와줄 것이다. 이 책을 통해서 고객들을 지금까지와는 다른 시선으로 바라볼 수 있게 되기를 바란다. 일선에서 일하는 직원들을 관리하는 입장이라면, 이 책을 이용해 직원을 교육시키고 적절한 권한을 부여할 수 있다. 고객서비스 분야에서 일하는 것의 장점 중 하나는 자기가 한 일의 결과가 매우 명확하게 드러나서 자기 눈으로 직접 확인할 수 있다는 것이다.

고객 유지가 중요한 다섯 가지 이유

1. 고객, 특히 많은 수익을 올려주는 고객을 계속 유지하면 처음에 그들을 끌어들이기 위해 사용했던 비용을 회수할 수 있다. 고객을 오랫동안 유지할수록 초기 투자 대비 더 많은 이익을 얻을 수 있다.
2. 거래에서 만족감을 느낀 고객은 더 많은 제품이나 서비스를 구입할 확률이 높다. 이들은 이미 우리 제품에 대해서 알고 또 그것을 신뢰하고 있기 때문에, 영업사원의 이야기에 귀를 기울이거나 마케팅 자료를 읽거나 광고에 반응할 가능성이 높아서 설득하기도 쉽다.
3. 충성스러운 고객은 우리가 제공하는 서비스나 제품 가격에 의문을 제기하는 일이 적다. 우리가 결코 바가지를 씌우지 않을 것이고 문제가 생겼을 때는 잘 처리해주리라는 사실을 알고 안심한 상태이기 때문이다.
4. 경험 있는 고객은 우리 회사나 업무 방식에 대해서 잘 알기 때문에 거래하기가 쉽고, 사소한 부분까지 일일이 지원해줘야 할 필요성도 적다. 이들은 고객서비스 부서에 전화를 걸거나 직접 방문하는 일이 많지 않기 때문에 전반적인 서비스 비용도 절감된다.
5. 무엇보다 중요한 점은 기존 고객들이 여러분을 추천해줄 경우, 마케팅이나 광고, 활발한 영업 캠페인을 벌이지 않고도 새로운 고객을 얻을 수 있다. 또한 이들 새 고객은 이미 추천을 받은 상태이기 때문에 여러분을 받아들일 마음의 준비가 된 상태로 찾아온다는 장점이 있다.

과제

우리가 고객으로서 대우받는 방식, 그리고 우리가 고객을 대하는 방식은 일상의 가장 즐거운 경험을 제대로 누릴 수 있는지 여부에 지대한 영향을 미친다. 어떤 대접을 받느냐에 따라서 즐거운 휴가를 보낼 수도 있고 반대로 휴가를 완전히 망칠 수도 있다. 여행을 떠났을 때도 그 경험 뒤에 어떤 느낌이 남느냐에 따라 최고의 여행이 되기도 하고 최악의 여행이 되기도 한다. 또 상점 쇼핑, 식당에서의 저녁 식사, 새로운 자동차 구입, 인터넷 검색 등을 하면서도 존중과 감사의 느낌을 받을 때가 있는가 하면 짜증과 무시당하는 기분을 느끼기도 한다. 우리는 좋지 않은 서비스에 화를 내느라 얼마나 많은 에너지를 소모하고, 또 그런 경험이 우리가 거래했던 회사에 어떤 감정적 영향을 미치게 될까? 여러분은 훌륭한 서비스를 받는 대가로 더 많은 돈을 지불할 용의가 있는가?

우리는 모두 고객의 입장에서 날마다 여러 차례의 고객서비스를 경험한다. 그리고 언제 고객서비스를 통해서 진정한 '감동'을 경험하고 또 언제 아무런 감동도 느끼지 못하는지도 잘 안다. 그렇다면 어째서 우리가 직접 고객을 대하는 상황에서 늘 그런 '감동'을 전달하지 못하는 것일까? 지식과 경험의 관점에서 보면 우리는 자기가 일하는 분야의 전문가가 되어야 한다. 본인의 경험을 통해서 어떤 태도가 고객서비스에 효과적인지 알고 1년에도 수천 번씩 그런 경험을 하기 때문이다. 문제는 우리가 직접 열악한 고객서비스를 받을 때는 그것이 미치는 효과를 절감하고 감정적인 반응도 경험하지만, 본인이 남에게 그런 열악한 서비스를 제공할 때는 그 영향을 전혀 느끼지 못하기 때문에 아무 감정도 들지 않고 고객의 실망과 분노에 진정으로 공감하지도 못한다는 것이다. 훌륭한 고객서비스는 감정과 직결되므로 고객이 어떤 감정을 느끼게 하느냐가 중요하다. 우리가 가장 먼저 인정해야 하는 사실은 훌륭한 고객서비스는 자연적으로 생겨나는 게 아니라는 점이다. 많은 노력과 성실함이 필요하다.

여러분이 마지막으로 고객서비스에 감동받은 때는 언제인가? 기억이 잘 나지 않을 수도 있다. 요즘에는 예전보다 고객을 기쁘게 하기가 훨씬 어려워졌기 때문이다. 모든 일이 빨리 진행되는 데 익숙해지고 무슨 일이든지 당장 실행할 수 있게 되다 보니 기대치도 전보다 훨씬 높아졌다. 10년 전, 자동차 수리를 맡겼을 때 내부 청소를 말끔히 해서 돌려준 것을 보고 정말 기뻐했던 기억이 난다. 그런데 지금은 누구나 이런 서비스를 기대하는 상황이 되었기에 이것이 평범하기 그지없는 경험이 되어 버렸다. 오늘날 이런 '감동'의 순간을 만들어내려면 고객이 전혀 기대하지 않은 일, 고객에게 긍정적인 정서적 반응을 이끌어낼 수 있는 일을 해야만 한다. 아이러니한 점은, 오늘날에는 첨단 기술을 이용한 원격 커뮤니케이션이 너무 많기 때문에 오히려 공감 어린 태도로 진지하게 귀 기울이고 진심이 담긴 미소를 지어주는 진짜 인간적인 응대만으로도 고객을 감동시킬 수 있다는 것이다. 따라서 누군가가 내게 전화를 걸어 따뜻하고 호감 가는 태도로 자동차를 정비할 때가 되었다고 알려주면서 예약을 도와주고 안내 데스크에 가서 자동차 열쇠를 건네줘야 하는 때를 일깨워준다면, 그런 일을 한 번도 겪어본 적이 없었던 나는 감동을 받을 것이다. 평소에는 안내 데스크를 찾아가도 무시당하기 일쑤고 아무도 나와 눈을 맞추거나 따뜻한 말을 건네려고 하지 않으면서, 그저 차 내부를 청소해주기만 하면 이런 불친절을 보상할 수 있다고 여기는 듯하다! 이게 무슨 뜻일까? 한마디로 고객을 인간답게 대접하기 위해서 우리 자신이나 직원들이 약간의 노력만 기울이면 아무런 추가 비용 없이도 고객에게 감동을 안겨줄 수 있는 기회가 많다는 얘기다.

좋은 소식

좋은 소식은 몇 가지 간단한 도구와 기술만 있으면 누구나 고객에게 감동의 순간을 전할 수 있다는 것이다. 내가 실시하는 고객서비스 교육은 모두 대인관계 기술에 초점을 맞춘 것이며, 이 책에는 지난 15년간 가르치고 배운 교육 과정의 정수만을 모아두었다. 전부 간단하고 실용적인 내용이며 여기에 소개된 기술과 기법을 적용하기만 하면 곧바로 실제적인 변화를 이룰 수 있다.

훌륭한 고객서비스는 왜 필요한가

이에 대한 확실한 대답은 여러분이 하지 않는다면 다른 누군가가 할 테고, 그러면 여러분은 경쟁자에게 고객을 빼앗기고 결국 수입도 빼앗기는 신세가 된다는 것이다. 물론 이것도 맞는 말이지만 훌륭한 고객서비스를 제공하는 데는 또 다른 중요한 이점들도 있다.

- **직원의 사기와 의욕.** 우리가 하는 어떤 일에 대해서 고객이 긍정적인 반응을 보이면 우리 자신도 긍정적인 감정을 느끼게 된다는 사실을 자주 잊곤 한다. 훌륭한 서비스를 제공하면 우리도 고객만큼이나 기분이 좋다. 때로는 고객의 감사 인사에 수고를 보상받기도 한다. 감사 인사를 들으면 세로토닌(뇌에서 분비되는 신경전달물질) 수치가 높아져서 실제로 좋은 기분을 느끼게 된다. 감사 인사를 30분 동안 들으면 격렬한 운동을 30분간 했을 때만큼이나 많은 세로토닌이 분비된다.
- **연대 의식.** 회사 외부와 내부의 고객들에게 훌륭한 서비스를 제공하면 즐겁고 재미있게 일할 수 있는 긍정적인 환경이 조성된다. 이직률이 감소하고 직원 참여도는 높아진다. 여러분이 팀의 관리자든 아니면 일반 팀원이든 간에, 만나는 모든 이들을 긍정적인 태도로 대하면서 먼저 모범을 보인다면 다른 이들에게 영향을 미치고 사기를 높일 수 있다. 내가 지금껏 받아본 최고의 서비스 중 하나는 크루즈 유람선에 탔을 때 받았던 서비스다. 그 배의 승무원들은 날마다 오랜 시간 근무를 하고 전 세계에

서 찾아온 고객들의 다양한 기대와 요구에 응하면서도 더없이 쾌활하고 즐거운 태도로 근무했다. 그리고 그런 태도는 놀라운 전염성을 발휘했다.

- **평판 강화.** 어떤 회사가 훌륭한 서비스를 제공한다는 소문이 나면 회사 평판이 높아지고 여기저기서 좋은 사례로 치켜세우거나 긍정적인 기사가 나게 되는데, 이런 일은 고객서비스 팀에서 일하면서 고객과 직접 대면하는 직원과 관리자들에게도 매우 중요하다. 훌륭한 서비스를 제공한다고 인정받는 사람은 수입이 늘어나고 승진 기회도 많아지며 상이나 주목을 받을 기회도 늘어난다. 왜 그럴까? 이런 직원은 여전히 찾기가 힘들고 행복한 고객은 곧 기업의 수익과 직결되기 때문이다. 따라서 모든 고객에게 긍정적인 경험을 주려고 노력하는 사람은 누구나 주목받을 수 있다.
- **적어진 불만, 줄어드는 스트레스.** 기분이 상하고 화가 난 고객은 모든 이들에게 스트레스를 준다. 고객에게 피드백을 달라고 부탁하는 것은 중요한 일이지만 이때 자신이 받은 대접에 대해 불평만 늘어놓는 상황이 되어서는 안 된다. 항상 고객을 잘 대우해서 불만사항이 줄어들도록 하자.

이 책을 최대한 활용하는 방법

여러분이 가장 먼저 대답해야 하는 중요한 질문은, '내 고객은 어떤 사람들인가?' 하는 것이고, 그 뒤를 잇는 두 번째 질문은 '고객서비스를 가장 중요시하고 싶은가?'이다. 요즘 같은 경제 상황에서는 사업을 계속 유지하기 위해 어떻게든 비용을 줄이려는 것이 추세다. 게다가 구매자가 우위에 서서 시장을 주도하는 상황이기 때문에 믿을 수 없을 정도로 경쟁이 심하다. 최근에 저렴하면서도 멋진 휴가용 의상을 몇 벌 구입하려고 번화가의 유명한 상점에 들렀는데, 파격 세일 중인 상품도 있고 적당한 품질의 옷이 가격대별로 구비되어 있는 것을 보고 매우 기뻤다. 이것저것 골라서 양팔 가득 옷을 안고 계산대로 가보니(시간이 없어서 옷을 입어보지는 않았다) 계산을 기다리는 사람이 길게 늘어서 있는데 계산하는 직원은 단 한 명뿐이었다. 가게 안을 둘러보니 계산대 앞에 늘어선 손님들에게는 관심도 두지 않은 채 물건을 판매하거나 주변을 정리 중인 직원들 몇 명이 눈에 띄었다. 5분을 기다렸지만 줄이 거의 줄어들지 않기에, 분별 있는 사람답게 골랐던 옷을 다 내려놓고 여기와 비슷한 파격 세일 상품과 괜찮은 가격대의 제품들을 갖춰놓은 근처의 다른 가게로 향했다. 가장 짜증났던 일은 내가 가게를 나서려고 할 때 다른 직원이 고객 카드를 신청하지 않겠느냐고 물었던 것이다! 이것은 누가 자기네 고객인지는 완전히 망각한 채 서비스가 아닌 제품에만 신경을 쏟는 기업의 전형적인 예다. 내가 말하고자 하는 요점은 오늘날 고객들에게는 수많은 선택권이 있기 때문에 아무리 저렴한 가격으로 고객을 유인하려고 해도 그들은 효율적이고 빠르고 훌륭한 서비스 쪽을 더 선호한다는 것이다. 이 책은 다시 고객에게 초점을 맞추고 그들의 눈을 통해 모든 것을 바라볼 수 있게 해주는데, 여러분이 본 것을 열린 마음으로 받아들이는 것이 중요하다.

이 책에서는 외부 고객에 대한 얘기가 많이 나오지만 모든 고객이 다 외부 고객은 아니라는 사실을 기억해야 한다. 크고 작은 모든 기업에는 내부 고객이 존재한다. 여러분이 서비스를 제공하는 이는 누구나 고객이 될 수 있다. 예컨대 여러분이 인사 관리나 IT 관련 부서에서 일한다면 회사 내의 모든 직원이 여러분의 고객이다. 내부 고객도 외부 고객만큼 중요한데 동등한 대우를 받지 못하는 일이 많다. 우리는 내부 고객에게 무관심해지기 쉽고 그들에게 미치는 영향도 잘 의식하지 못한다. 평소에 자주 만나서 친숙한 데다가 그들을 외부 고객처럼 중요하게 여기지 않기 때문이다. 내부 고객에게 훌륭한 서비스를 제공하면 외부 고객을 비롯해 모든 이들에게 긍정적인 영향을 미칠 수 있다!

내 사무실에는 비즈니스와 자기계발에 관한 책이 가득하다. 어떤 책은 옛 친구 같아서 자주 참고하면서 그것에 따라 내 삶과 업무 방식을 완전히 바꾸기도 했다. 또 어떤 책은 솔직히 말해 두어 페이지만 읽고 던져버리거나 읽긴 읽었는데 내용이 전혀 기억나지 않는 것도 있다. 이 책은 내가 실제 교육하는 내용을 담은 책이기 때문에 간단하고 실용적이며, 여기 실린 모든 내용은 신뢰할 수 있고 효과도 만점이다. 훌륭한 서비스를 통해 주목받고 싶다면 그냥 읽기만 하고 끝내는 것이 아니라 반드시 실행에 옮겨야 한다는 사실을 명심하자! 책을 읽기만 해서는 누구의 삶도 바뀔 수 없다. 읽은 내용을 실행하는 것이 중요하다. 어떤 습관이 몸에 배려면 30일이 걸린다고 하니, 훌륭한 고객서비스가 습관으로 자리 잡을 때까지 꾸준히 연습하자. 재미있는 사실은 여러분이 고객서비스 분야에서만 뛰어난 실력을 갖추게 되는 것이 아니라 누구보다 사교성이 좋아져 삶의 모든 부분이 달라질 것이라는 점이다.

chapter

01

고객이 변했다

끊임없이 변화하는 세상 속에서 고객의 모습도 달라졌다. 세상의 변화와 더불어 나도 점점 나이가 들어가지만, 삶이 지금보다 훨씬 느긋하게 흘러가던 시절의 상점 분위기는 아직도 기억이 생생하다. 당시 사람들은 상당히 여유가 있었고 손님과 점원이 서로의 이름을 알고 지냈다. 물건을 사다가 잠시 멈춰 서서 잡담을 나누기도 했고 덕분에 사람들 사이의 관계도 상당히 돈독했다. 물론 지금에 비하면 구비된 상품의 가짓수가 현저히 적었고 물건을 사려면 직접 얼굴을 마주 대하든 전화를 걸든 해서 사람을 통해야만 했다. 요즘은 대규모 콜센터에서 제품을 구입하고, 체인점들이 들어선 쇼핑센터가 지방의 상점가를 대신하며, 필요한 물건은 뭐든지 다 파는 슈퍼마켓을 어디서나 볼 수 있다. 게다가 인터넷을 이용하면 다른 사람과 말 한마디 나누지 않고도 언제든 물건을 살 수 있다.

게다가 이제는 첫인상을 평가하는 방법까지 달라졌다.

- 1980년대와 90년대에 활동하던 NLP 저술가들은 좋은 인상을 남기려면 90초 안에 승부를 봐야 한다고 주장했다.
- 새천년이 시작될 무렵에 쏟아져 나온 수백 편의 기사에 따르면 4~7초 사이에 첫인상이 결정된다고 했다.
- 2005년에 출간된 말콤 글래드웰Malcom Gladwell의 베스트셀러 『블링크Blink』에서는 사람들이 2초 안에 첫인상을 판단한다고 밝혔다.
- 최근에 나온 BBC의 한 기사는 인터넷 사용자들이 '20분의 1초 만에 웹페이지에 대한 평가를 내린다'는 연구 결과를 인용했다.

요새는 첨단 기술과 인터넷 덕분에 예전 같으면 몇 주씩 걸려 겨우 얻던 정보를 곧바로 찾아볼 수 있기 때문에 구매 결정 과정이 훨씬 복잡하고 혼란스러워졌다. 또 어디를 가나 기업들이 쏟아내는 광고 세례를 받는 상황이다 보니 소비자들은 갈수록 냉소적이 되어 더 이상 광고를 신뢰하지 않는다. 그리고 혼자 힘으로 구매 결정을 내릴 수 있게 된 소비자들은 이제 정보 또는 서비스를 제공하거나 제품을 판매하려는 이들에게 의지하지 않으며, 원한다면 이들과의 접촉을 완전히 피할 수도 있다. 예전에는 크리스마스와 신년 무렵에 여행사를 찾아가서 휴가 여행을 예약하는 것이 하나의 전통이었으며, 여행사 직원과 마주앉아 다양한 여행 옵션을 검토하느라 1시간씩 걸리기도 했다. 하지만 지금은 집에서 옷도 갈아입지 않은 채 세계 각지의 여행 상품을 제공하는 여행사 사이트에 접속해 5분 안에 여행지를 선택하고 예약을 완료할 수 있다.

이는 어떤 면에서는 더없이 바람직한 상황이지만, 우리 같은 기업들은 고객과의 개인적인 접촉을 최대한 활용할 방안을 강구하고 또 고객이 언제 어떻게 첨단 기술을 활용하는지 알아내야 한다. 그리고 이 과정에서 고객이 느낀 감정이 우리 회사에 대한 그들의 생각과 제품 재구매 여부에 영향을 미친다는 사실도 간과해서는 안 된다. 그리고 무엇보다 중요한 점은 고객이 이후에 나쁜 소문을 퍼뜨려서 우리 회사 평판을 손상시킬 것인지, 아니면 다른 이들에게 우리 회사를 추천할 것인지 하는 점이다. 오늘날의 고객들은 첨단 기술을 이용해 수백만 개의 회사들과 접촉할 수 있을 뿐만 아니라 좋은 소식이나 나쁜 소식을 널리 퍼뜨릴 수 있는 능력까지 갖게 되었다.

이런 상황에서 고객의 신뢰와 애정을 얻으려면 전보다 더 열심히 노력하는 수밖에 없다. 하지만 날마다 고객을 응대하면서 친밀감을 쌓는다고 해서 이런 신뢰와 고객 충성도를 얻을 수 있는 것은 아니다. 요즘 고객들은 별다른 금전적, 감정적 손실

경쟁자도 무수히 많기 때문에 지금 고객이 보여주는 충성심을 당연한 것으로 여겨서는 안 된다.

없이 다른 제품이나 서비스로 쉽게 옮겨갈 수 있다. 경쟁자도 무수히 많기 때문에 지금 고객이 보여주는 충성심을 당연한 것으로 여겨서는 안 된다. 어떤 경로를 통해서든 고객과 이어지는 접점 하나하나를 전부 기회로 생각해야 하는 것도 바로 이런 이유 때문이다.

기업들은 이제 다양한 생활양식을 지닌 다양한 유형의 고객과 접할 수 있게 되었다. 요구하는 바와 생각이 제각기 다르고 연령대도 다양한 전 세계인이 우리 고객이 될 수 있는 것이다. 하지만 이런 다양한 계층의 사람들을 대할 때는 상대방의 기분을 세심하게 헤아려야 한다. 특정 집단에 편견을 갖지 않는 정치적 정당성을 요구하는 세상이기 때문이다. 잘못 선택한 마케팅 메시지나 광고, 혹은 홍보 목적으로 유투브에 올린 동영상 내용 때문에 지금까지 특정 고객층이 보여주던 호의와 충성심을 한순간에 잃을 수 있다. 고객은 변덕스럽다. 오늘 여러분에게 환호를 보내던 고객이 내일 당장 싸늘하게 등을 돌릴 수도 있다는 얘기다.

그래도 고객은 여전히 우리를 원한다

이런 극심한 변화에도 불구하고 고객이 원하는 것은 예나 지금이나 똑같다. 다만 그것을 손에 넣는 방법이 다양해지고 원하는 것을 얻지 못할 경우 선택 가능한 다른 대안이 많아진 것뿐이다. 고객은 지금도 제품을 구입하거나 서비스를 이용하는 과정에서 기분 좋은 경험을 하기를 바란다. 또 인터넷을 통해 기업들과 접촉할 때도 감정적인 반응을 보인다. 제품 조사는 전부 인터넷으로 하지만 쇼핑을 하러 간다는 개인적인 체험을 즐기는 고객이 아직도 많다. 사람들은 여전히 외식을 좋아하고 호텔에 묵거나 여행을 떠나거나 관광 명소를 찾는 것을 즐긴다. 계속해서 규모가 확장되고 있는 콜센터는 전화로 고객의 문의를 처리하면서 전보다 많은 거래를 성사시킨다. 따라서 고객과의 모든 접점을 살피면서 응대가 제대로 이뤄지고 있는지 확인하는 것이 중요하다.

> 고객은 지금도 제품을 구입하거나 서비스를 이용하는 과정에서 기분 좋은 경험을 하기를 바란다.

오늘날 고객이 진정으로 원하는 것은 무엇인가

- 쉽게 얻을 수 있고 상황에 적합하며 올바른 구매 결정을 내리는 데 도움이 되는 제품과 서비스 정보를 원한다. 이런 정보는 제품에 대해 아는 것이 많은 매장 직원을 통해 얻을 수도 있고 둘러보기 쉽도록 멋지게 디자인된 웹 사이트를 통해 얻을 수도 있다.
- 만족스러운 대접과 긍정적인 체험을 원한다. 인간적인 접촉, 직접 작성한 이메일, 녹음된 메시지, 자동 응답 시스템 등을 통해 그런 경험을 할 수 있다. 가상 경험일지라도 완벽한 고객 지원과 존중받는다는 느낌을 원하는 것이다.

- 뛰어난 제품 품질을 확인하고 돈을 낭비하지 않았다는 기분을 느끼고 싶어 한다. 어떤 문제나 쟁점이 발생해도 해결할 방법이 있어서 안심이 되면 구매 위험이 최소화되어 제품 구매 의욕이 높아진다.
- 거래가 쉽고 기분 좋게 이뤄져야 한다. 어떤 방식으로 거래를 하건 간에 그 과정이 너무 어렵거나 시간이 많이 걸리거나 짜증이 난다면 고객은 금세 다른 곳으로 가버릴 것이다.
- 일단 구매 결정을 내린 고객은 제품을 그 즉시, 최대한 빨리 받고 싶어 한다. 고객은 기다리는 데 익숙하지 않으므로 원하는 물건을 바로 손에 넣으려고 다른 데로 가버릴 수도 있다.
- 필요할 때 바로 도움을 줄 수 있는 사람이 가까이 있기를 바란다.

전문가의 노트

고객이 여러분과 거래하는 방식이 어떻게 바뀌었는지 생각해보자. 고객은 여러분과 거래하는 과정 내내 만족감을 느끼는가? 개선이 필요한 부분을 찾아내고 일선 직원과 고객들에게 피드백을 얻자.

고객은 변했지만 그들의 요구는 변하지 않았다. 고객은 지금도 우리 기업들에게서 똑같은 것을 원한다. 다만 고객을 감동시키거나 충성심을 얻기가 더 어려워졌을 뿐이다. 하지만 덕분에 기업들은 지금까지와 다른 모습으로 변신해 인간미가 사라진 이 세상에서 새롭고 놀라운 고객서비스를 창출할 수 있는 멋진 기회를 얻었다.

알맹이만 쏙쏙!

- 세상이 빠르게 변하고 인간적인 친밀감이 사라지면서 고객도 변했다.
- 원하는 물건을 보다 쉽고 빠르게 손에 넣으려는 고객의 모습은 세상의 변화를 반영한다.
- 요즘 고객은 제품과 서비스에 대한 정보를 남에게 의지하지 않고 자기가 직접 찾으려고 한다. 따라서 각종 정보를 우리보다 더 잘 아는 경우도 많다.
- 경쟁자가 많은 데다가 고객은 인터넷을 통해 그들과 쉽게 접촉할 수 있기 때문에 고객의 충성심을 얻거나 유지하는 일이 예전보다 훨씬 힘들어졌다.
- 고객은 지금도 예전과 같은 것을 원하므로, 고객에게 최고의 맞춤형 서비스를 제공한다면 인간미 없는 요즘 세상에서 진정한 효과를 발휘할 수 있다.

chapter

02

훌륭한 고객서비스의 토대

제2장에서는 훌륭한 고객서비스를 제공하는 데 꼭 필요한 주요 고객 대응 기술에 대해 다룬다. 고객을 직접 대하는 일선 직원이든 아니면 관리직이든 간에, 기본적인 이 기술은 고객 상호작용의 모든 측면에 필수적이다. 이런 기술을 익혀야 고객들에게 최고의 경험을 선사해서 고객이 언제라도 자신 있게 우리를 다시 찾고 다른 이들에게 추천까지 하게 되는 것이다. 고객과의 접점을 찾거나 고객 불만을 처리하거나 친분을 쌓거나 고객 충성도를 높이거나 제품 판매를 늘리는 데도 이 기술을 활용한다. 이렇게 사람을 대하는 기술이 곧 모든 것의 토대가 되기 때문에 이 책 전체에서 자주 언급될 것이다.

고객이 떠나는 이유

고객이 이탈하는 가장 큰 이유는 무엇일까? 다른 회사 제품을 더 선호하거나 광고 또는 특가품에 현혹되어서 그렇다고 말하겠는가? 아니면 우리 회사 제품을 별로 좋아하지 않거나 과거에 이들 제품과 관련된 문제를 겪었기 때문일까? 사실 그 어느 것도 정답은 아니다! 이탈하는 고객 가운데 자그마치 68퍼센트가 직원들이 고객을 대하는 태도 때문이라고 한다! (그림 2.1 참조) 또 새로운 고객을 유치하려면 기존 고객을 만족시키는 것보다 비용이 5배나 더 든다는 연구 결과도 있다.

이 말은 직원들이 어떤 부분에서 고객을 대하는 방식이 잘못됐기 때문에 소중한 고객을 잃고 있다는 얘기다. 다행스러운 점은 대부분의 사

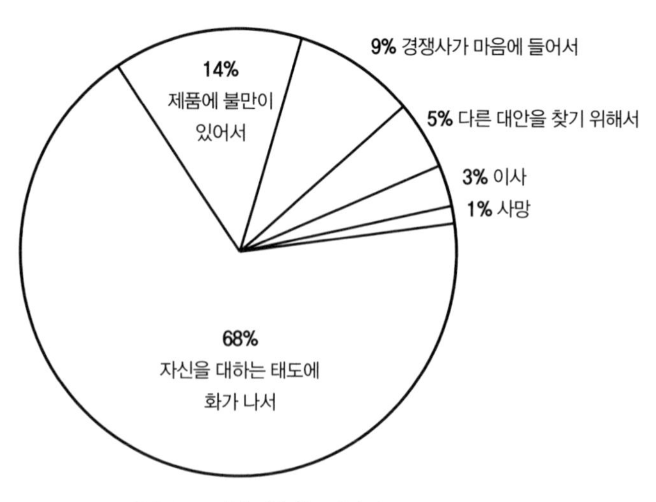

그림 2.1 • 고객이 이탈하는 이유는?

람들이 남에게 친절하게 대해서 호감을 얻고 감사를 받고 싶다는 마음을 지니고 있다는 사실이다. 자기가 타인에게 미치는 영향을 좀 더 확실하게 깨닫고 싶은 것이다. 이 장에서는 고객 경험에 놀라운 변화를 불러올 수 있는 다양한 도구와 팁을 소개한다. 사용하기 쉽고 대개의 경우 비용도 들지 않는다. 먼저 고객에 대한 우리의 태도는 어떻고, 고객 행동을 어떻게 인식하고 있는지부터 살펴볼 필요가 있다.

고객은 정말 왕이다!

우리 세대가 이룬 가장 위대한 발견은 인간이 자신의 사고방식을 바꿈으로써 삶까지 바꿀 수 있다는 사실이다.

– 윌리엄 제임스, 심리학자

우선적으로 할 일은 자기가 고객에 대해 갖고 있는 생각을 솔직하게 인정하는 것이다. 여러분이 다양한 색상의 필터를 통해 고객을 바라보는데 이 필터 색이 고객을 대하는 방식에 영향을 미친다고 가정해보자. 고객을 만족시키는 일이 힘들고 까다롭다고 생각하는가? 고객이 거짓말을 하고 여러분에게서 최대한 많은 것을 뜯어내려 한다고 생각하는가? (회색 필터) 고객이 변덕스럽고 불성실하며 여러분을 존중하지 않는다는 생각이 드는가? (회색 필터) 혹은 멍청하고 배려가 없다고 생각하는가? (회색 필터) 아니면 고객이 여러분의 사업에 공헌해서 봉급을 받을 수 있게 해 준 것을 고맙게 여기는가? (흰색 필터) 고객을 인식하는 방식은 훌륭한 서비스를 제공하는 우리의 능력에 지대한 영향을 미친다. 머리말에서 얘기한 것처럼, 훌륭한 서비스를 제공하는 것이 쉽고도 상식적인 일이 되어야 한다. 직장에서든 사업을 운영할 때든 늘 하는 얘기니까 말이다. 심지어 일부 기업들은 고객서비스를 핵심 주제로 하는 대규모 협의회를 개최하기도 하고 전문가들을 초빙해 강의를 듣거나 이와 관련된 강령을 만들기도 하는 등 최고의 서비스를 위해 온갖 노력을 기울이는데, 여전히 고객서비스에서 문제가 발생한다. 이는 회사도 직원들도 진정한 고

Example!!!

제럴드 래트너Gerald Ratner가 던진 악명 높은 한마디를 기억하는 사람도 있을 것이다.

래트너 보석은 품질에는 거의 신경을 쓰지 않습니다……. 저희 제품은 완전히 쓰레기라는 얘기입니다.

– 제럴드 래트너, 래트너 보석Ratner's Jewellers의 전 CEO

이 말은 영국 유수의 전국지에 실린 내용으로, 래트너에게 '댁의 회사는 고객을 갖고 노는 겁니까?'라는 질문을 던졌을 때 그가 한 답변이다. 다음날 그 신문에는 '22캐럿짜리 황금 머그잔'이라는 제목의 기사가 실렸다.

이 일은 고객을 어리석은 존재로 여기며 얕잡아 보는 기업주에 대해 고객들이 어떤 반응을 보일 수 있는지에 대한 완벽한 사례다. 이 일로 인해 성공 가도를 달리던 이 대기업은 심각한 영향을 받았다.

객서비스에 대한 확신이 없기 때문인 경우가 많다.

고객에 대해 부정적인 시각을 갖는 함정에 쉬이 빠질 수 있는데, 특히 해결하기 까다로운 상황이나 우리가 보기에 불합리한 행동에 대처해야 하는 경우에는 더욱 그렇다. 이런 태도를 바꾸면 좀 더 공감하는 마음으로 고객을 대할 수 있을 뿐 아니라 자존감도 높아진다. 다음과 같은 아이디어를 이용해 자신의 생각을 재구성해 보자.

고객은 어리석다.	고객이 제대로 이해를 못했다.
고객은 뭐든지 거저먹으려고 든다.	고객은 값이 저렴하고 품질이 우수한 제품을 원한다.
고객은 이런저런 요구가 많다.	고객은 중요하다.
고객은 늘 불평만 늘어놓는다.	고객은 우리에게 필요한 피드백을 해준다.
고객은 짜증나는 존재다.	고객의 성향은 사람마다 다르다.
고객은 골칫거리다.	고객이 있기에 급여를 받을 수 있다.

전문가의 노트

자기가 어떤 필터를 통해서 고객을 바라보고 있는지 스스로 솔직하게 인정해야 한다. 여러분이 고객을 바라보는 시선을 나타내는 핵심 단어들을 적어보고, 실제로 고객을 대할 때 그 말들을 떠올려보자. 여러분은 고객에 대해 어떤 예상을 갖고 있는가? 그들이 어떻게 행동할 것이라고 생각하는가? 고객들의 행동이 예상했던 것과 정확하게 일치하는가? 이제 자신의 인식을 바꿀 수 있는 방법들을 살펴보자. 먼저 지금까지와 다른 필터를 통해 새로운 시각으로 고객을 바라보는 일부터 시작해야 한다. 고객의 긍정적인 측면을 전부 적어보자. '고객은 왜 중요할까? 왜 그들을 고맙게 여겨야 하나?' 등을 잘 생각해보고, 고객을 대할 때 항상 그 사실을 명심한다. 그리고 지금도 여전히 고객이 여러분의 예상대로 행동하는지 살펴보자. 고객에 대해 나쁜 말을 하지 않고 늘 긍정적인 생각을 가지는 것을 개인 또는 회사의 기본 방침으로 삼아야 한다.

고객의 행동 방식이 내가 그들에게 품고 있는 생각 때문이라는 사실은 받아들이기 힘들지만, 이 사실을 인정하지 않는다면 여러분이 원하는 훌륭한 고객서비스를 제공하는 일은 영영 불가능하다. 자신의 평소 사고방식을 인정하고 본인 행동에 주의를 기울이면 까다로운 상황에 처했을 때 전보다 긍정적인 반응을 얻는 등 다양한 방식으로 보상을 받게 되는 일이 많다. 일이 잘 풀리지 않을 때 남을 탓하는 것은 쉽지만, 우리가 바꿀 수 있는 것은 나 자신의 행동뿐이며 내 행동이 먼저 바

고객의 행동에는 내 생각이 투영되어 있다.

꿔지 않고서는 남의 행동에 영향을 미칠 수 없다. 어떤 상황 또는 사람을 대하는 태도를 스스로 선택할 수 있다는 사실을 늘 기억하자.*

고객들은 어떤 대접을 받고 싶어 할까

다음 목록을 보면 다들 당연한 얘기라고 생각하겠지만, 사람을 대하는 기술이 다 그렇듯이 이런 태도를 한결같이 유지하기란 어려운 일이다. 고객들이 원하는 것은 다음과 같다.

- **자기 말에 귀 기울여주는 것.** 사람은 누구나 자기 의견을 말하고 싶어 하고 그 의견에 관심 가져주기를 바란다.
- **자신의 상황을 이해받는 것.** 효과적인 질문 및 확인 기술을 이용해 신속하게 고객의 요구를 파악하거나 문제의 근원을 밝혀내고, 여러분이 그 문제에 관심을 가지고 있다는 사실을 보여줘야 한다.
- **진심 어린 공감.** 고객을 대하는 과정에서 빠지기 쉬운 태도인데, 고객과의 상호작용이 효율적으로 이뤄지더라도 진정한 공감 없이 냉담한 태도를 풍긴다면 고객은 자신이 중요하게 인정받지 못한다는 느낌을 받게 된다.

---

* **책임**Responsibility
대응response …… 능력ability : 본인의 대응 방식을 선택할 수 있는 능력.

- **적절한 인간적 관계.** 인적 영향을 통해 고객이 오래 기억하거나 만족스러운 경험을 하게 되는 경우가 많지만, 이런 관계가 당시의 상황이나 고객 성향에 맞아야 한다.
- **자신을 중요한 인물로 느끼는 것.** 모든 사람은 자기가 세상에서 가장 중요한 인물이라고 여기고 싶어 한다. 고객이 우리의 태도를 통해 최고의 기분을 느끼게 된다면 이는 그들이 실제로 중요한 인물이기 때문이다!
- **열정.** 이건 우리의 태도 및 인식과 관련된 문제다. 우리가 고객을 부정적이거나 무기력한 태도로 대하면 고객은 그 사실을 금세 알아차린다.
- **융통성.** 고객의 요구사항은 저마다 다르고 다들 하나의 독립된 인격으로 대우받고 싶어 하기 때문에 모든 사람에게 들어맞는 해결책이란 존재하지 않는다.

가느다란 인연의 끈

일을 하면서 고객의 얼굴을 직접 대하든 아니면 전화로 상대하든 간에, 고객과 적절한 인적 관계를 맺는 것이 중요하다. 고객과의 인연은 시선을 맞추고 따뜻한 미소를 짓는 일에서부터 시작된다. 전화상으로 대하는 경우에도 마찬가지다. 다만 미소는 목소리에 밴 따스함으로, 시선 맞추기는 정신을 딴 데 팔지 않고 온전히 고객에게 집중하는 자세로 대신하는 것이다.

인연 맺기

시선 맞추기와 미소를 통해 고객과 인연을 맺는다……. 말은 쉽다! 하지만 실제로는 결코 쉽지 않은 일이다. 내 경험상 접객을 받는 입장에 처했을 때 가장 하기 어려운 일 중 하나가 상대방과 시선을 맞추는 일이기 때문이다. 다음에 고속도로 휴게소에 들러 커피 또는 잡지를 사거나 차에 기름을 채울 기회가 있으면, 자기가 거기서 일하는 이들과 얼마나 자주 시선을 맞추는지 확인해보자. 나는 '고객과 시선을 맞추려면 어떻게 해야 하나?'라는 게임을 하곤 한다. 내 눈을 똑바로 바라보면서 매력적인 미소를 띠는 점원을 만나면 그것이 자기에게 어떤 영향을 미치는지 살펴보라. 거의 마법 같은 효과를 발휘한다. 내 딸은 여느 10대 아이들처럼 과외의 용돈을 벌려고 토요일마다 백화점에서 아르바이트를 한다. 하루는 만나서 같이 점심을 먹기로 했는데 약속한 시간보다 일찍 도착하는 바람에 남는 시간에 딸이 일하는 모습을 살짝 훔쳐봐야겠다고 생각했다. 아이가 일하는 계산대를 발견하고는 근처 기둥 뒤에 숨었다. 그리고 찾아온 모든 고객과 하나하나 시선을 맞추면서 따뜻한 미소를 보내는 딸의 모습을 보며 기뻐했다. 딸의 미소와 시선은 고객에게 놀라운 효과를 발휘했다. 고객들은 딸아이와 대화를 나누거나 똑같이 미소로 답했으며 처음에 올 때보다 밝고 행복한 표정으로 매장을 떠났다. 줄 서 있는 이들 가운데 가장 뚱한 표정을 짓고 있던 사람도 딸의 미소가 발휘하는 마법을 피할 수는 없었다. 그 순간 딸에게서 배울 것이 참 많다는 생각이 들었다. 나중에 딸에게 이 일에 대해 물으니, 딸은 이렇게 약간의 노력을 들이는 것만으로도 시간이 빨리 가고 훨씬 즐겁게 일할 수 있다고 말했다. 그리고 고객 대부분이 정말 친절하고 재미있는 사람들이라는 걸 알게 되었다는 말도 했다. 그 생각이 맞다.

고객과의 사이에 친밀한 접점이 생기면 가느다란 끈이 여러분과 고객을 연결하게 된다고 가정하자. 인연이 오래될수록 그 끈도 점점 굵고 튼튼해지지만 언제든 쉽게 끊어질 수도 있는 것이 사실이다. 그런 끈의 존재를 의식하면서 계속 이어져 있도록 노력하는 것이 중요하다.

고객의 목소리에 귀 기울이는가

인간의 모든 욕구 가운데 가장 기본적인 것이 바로 남을 이해하고 이해받고자 하는 욕구다. 그리고 타인을 이해하는 가장 좋은 방법은 그들이 하는 얘기에 귀 기울이는 것이다.

– 랠프 니콜스Ralph Nichols

다음 질문은 자신의 듣기 기술을 평가하는 데 도움이 될 것이다. 자신을 속이지 말고 솔직하게 답하거나 평소 여러분을 잘 아는 사람에게 도움을 청해야 귀중한 자기 인식 도구로 활용할 수 있다.

나는 좋은 경청자인가

다음의 기준을 이용해 자신을 평가해보자(아니면 도와줄 친구를 동원한다).

5 = 항상 그렇다.	4 = 대부분 그렇다.
3 = 가끔 그렇다.	2 = 거의 그렇지 않다.
1 = 전혀 그렇지 않다.	

1. 화자(話者)가 자기 얘기를 다 끝낼 때까지 끼어들지 않는다. ______

2. 중요한 정보를 기억하는 능력을 기르기 위해 노력한다. ______

3. 회의에 참석하거나 중요한 전화통화를 할 때는 세부사항을 받아 적는다. ______

4. 화자의 생각이 나와 다르더라도 방어적인 태도를 취하거나 흥분하지 않는다. ______

5. 내가 대화의 핵심 내용을 제대로 이해했는지 확인하기 위해, 중요한 부분을 다시 한 번 반복해 말하면서 화자의 확인을 받는다. ______

6. 화자가 대화의 주제에서 벗어나지 않도록 재치를 발휘한다. ______

7. 상대방의 말에 귀를 기울일 때는 주의를 산만하게 하는 것들을 차단한다. ______

8. 상대방의 대화에 관심이 있음을 보여주려고 애쓴다. ______

9. 내가 말을 할 때는 배우는 것이 거의 없다는 사실을 알고 있다(말은 너무 많이 하고 귀를 기울이는 것은 소홀히 하기 때문일까?). ______

10. 내가 귀 기울여 듣고 있다는 사실을 말로 표현한다(상대방의 말을 받아 다른 말로 표현하거나 질문을 하는 등). ______

11. 나는 본인의 뜻이 제대로 이해되고 있다고 생각하는 사람은 방어적인 태도를 취하는 일이 적다는 사실을 안다. ______

12. 반드시 화자의 말에 동의하지 않아도 된다는 사실을 알고 있다. ______

13. 서로 얼굴을 맞대고 대화를 나누는 경우, 신체언어나 말투, 기타 여러 가지 신호 등 화자의 말을 보완할 만한 정보를 제공하는 비언어적 형태의 커뮤니케이션에도 주목한다. ______

14. 상대방과 대면한 상황에서는 내가 귀를 기울이고 있음을 몸짓으로 표현한다(몸을 상대방 쪽으로 기울이거나 눈을 똑바로 쳐다보는 등). ______

15. 메모를 받아 적을 때는 이름과 장소의 철자를 물어서 정확하게 메모한다. ______

경청 태도 점수 매기는 방법

아래의 점수에 따라 자신을 평가해보자.

64점 이상 = 훌륭한 경청자다.

50~63점 = 평균 이상이다.

40~49점 = 개선이 필요하다.

39점 이하 = 남의 말을 제대로 귀 기울여 듣지 않는 사람이므로 많은 노력이 필요하다!

가느다란 인연의 끈을 계속 유지하려면 상대의 말을 잘 듣는 자세가 정말 중요하다. 고객이 보기에 여러분이 자기 말에 귀를 기울이지 않는다는 생각이 들면(단 몇 초간이라도) 그 끈이 끊어지게 된다. 전화통화를 할 때든 얼굴을 맞대고 대화를 할 때든 다 마찬가지다. 앞의 질문에 답해보면 자신이 노력해야 하는 부분을 알 수 있다. 상대방의 말에 집중하는 것을 방해하는 요소가 무엇인지도 파악해야 한다. 이런 장애물을 알아두면 재빨리 대화 주제에 집중할 수 있고 고객과의 인연이 끊어지는 것도 막을 수 있다.

전문가의 노트

다른 사람이 말하는 내용에 집중하기가 어렵다면 그가 하는 말을 마음속으로 반복해 보자. 그러면 상대방의 메시지가 머릿속에서 강조되어 집중력이 흩어지는 것을 막을 수 있다.

경청의 장애물

- **선수 치기**. 고객이 말을 마치기 전에 듣는 쪽에서 메시지에 대한 평가를 내려버리는 것. 이렇게 되면 메시지 내용을 자신의 어림짐작에 맞춰서 바꾸게 될 가능성이 있다.
- **일시적인 당황**. 고객이 하는 말을 정확하게 알아듣지 못한 경우. 그러면 지나간 대화의 말뜻을 이해하는 데만 정신을 쏟게 된다.
- **주의 산만**. 주변의 방해, 전화통화, 대화의 흐름을 중단시키는 모든 소음.
- **몰두**. 청자(聽者)가 다른 사안에 몰두해 있느라 고객이 하는 말에 집중할 수 없는 것.
- **편견**. 청자가 현재 논의 중인 사안이나 고객에 대한 편견을 가지고 있는 경우. 이때 청자는 상대방이 하는 말 중에서 자신의 편견을 뒷받침하는 내용만 받아들이게 된다.
- **불안**. 상대방이 지금 하고 있는 말이나 앞으로 할 말에 대해 청자가 걱정

에 휩싸인 경우.

- 무관심. 청자가 고객이 하는 얘기에 관심이 없고, 도움이 될 만한 내용을 가려내거나 해결의 단서를 찾으려는 노력을 기울이지 않는 것.
- 마음속 리허설. 청자가 고객의 말을 경청하지 않고 자기가 다음에 할 말을 미리 속으로 연습하거나 어떤 질문을 던질까 생각하는 경우. 이런 상황에서는 너무 성급한 결론을 내릴 우려도 있다.
- 대답. 청자가 어떻게 답변할 것인지 생각하느라 너무 바쁜 경우.
- 추정. 상대방이 하는 말을 이미 다 알고 있다고 생각하는 것.
- 유대. 청자가 고객과 깊은 유대관계를 맺고 있어서, 지금 상대방이 하는 말에 귀 기울이는 것이 아니라 자기 머릿속에 간직되어 있는 예전 기억이나 경험을 떠올리는 경우.

이와 같은 장애물을 해결하는 가장 좋은 방법은 '집중 경청'* 연습을 하는 것이다.

집중 경청 기술

다음에 소개하는 기술에는 최고의 고객서비스를 제공하는 데 가장 중요

* **집중 경청**focused listening
고객의 의도를 제대로 파악하려면 자신의 자아/신념, 추정, 판단 등에 영향을 받아서는 안 된다. 그보다는 좀 더 자세한 내용을 파악하고 우리가 고객에 대해 알고 있는 바를 확인할 수 있는 적절한 질문을 던져야 한다. 자기가 아는 정보를 요약하고 되짚어보는 일이 중요하다.

한 토대 몇 가지가 포함되어 있다. 이 기술은 고객과 좋은 관계를 맺고 그들의 요구를 확실하게 이해하며 까다로운 상황이 발생했을 때 잘 대처할 수 있게 도와주므로 열심히 연습해서 몸에 완전히 배도록 해야 한다.

1. 확인. 고객에게서 감지한 감정이 정확한지 확인한다.

예 '그 일 때문에 무척 낙담하신 모양이네요.' '이 문제가 고객님께 매우 중요한 사안 맞습니까?' '고객님 말씀으로 판단하건대 ……하기를 원하실 듯하네요.'

2. 요약. 말한 내용 전체를 짧게 요약한다.

예 요점 정리 형식을 이용해서, '그러니까 수요일에 옷을 구입하셨는데 사이즈가 맞지 않아서 교환보다는 환불을 원하신다는 거죠?'

3. 다시 말하기. 상대방이 말한 내용을 그대로 인용한다. 핵심 단어나 문구, 혹은 문장 전체를 인용할 수도 있다. 이것을 대화 중에 규칙적으로 짧게 반복한다.

예 '멋진 양복을 찾으신다고요…….' '콘퍼런스에 참가하실 때 입으실 거고요…….' '너무 격식 차린 복장이 아닌 걸로요.'

이런 기술을 총동원해서 상대의 말을 확인 또는 요약하거나 다시 말한 뒤에는 고객의 확인을 받아 자기가 제대로 이해했다는 것을 확실히 해둔다.

4. 선형 탐색(질문-대답-질문-대답-질문-대답). 선형 탐색은 간단하면서도 매우 효과적인 기술이다. 앞서 했던 질문에 대한 답을 이용해서 다음 질문을 던지는 방법이다. 이를 위해서는 폐쇄형 질문과 반대되는 개방형 질문을 사용해야 한다.

개방형 질문	폐쇄형 질문
무엇을	~입니까?
언제	~할 수 있습니까?
누가	~해야 합니까?
어디서	~했습니까?
어떻게	~할 예정입니까?
왜	~하겠습니까?
어떤 것을	~해봤습니까?
말하다	~합니까?
설명하다	~아닙니까?
묘사하다	~일까요?
무엇 때문에	
어떤 방법으로	
예를 들면	
그것을 자세히 말하면	

개방형 질문을 받은 고객은 좀 더 자세한 부분까지 말할 수 있으며, 이는 자신의 생각과 감정을 우리에게 털어놓도록 독려하는 아주 좋은 방법이다. 또한 친밀감을 조성해서 계속 굳건한 관계를 유지해준다.

선형 탐색에는 특정한 경로를 선택한 뒤 중요한 세부사항에 도달할 때까지 이를 계속 고수하는 과정도 포함된다. 그런 다음에 다른 질문 라인을 따라가는 것이다. 이 과정은 집중해서 진행해야 하기 때문에 경청의 장애물을 통제하는 좋은 방법이기도 하다.

Example!!!

선형 탐색

"원하시는 물건 찾는 걸 도와드릴까요?"

"네, 부탁해요. 결혼식에 입고 갈 정장을 찾는데 너무 딱딱한 느낌을 주는 건 싫고, 또 여름에 식이 거행되니까 아주 가벼웠으면 좋겠네요."

(제시된 세 가지 정보 중에서 따라갈 선형 경로를 선택한다.)

"너무 격식 차린 딱딱한 옷은 싫다고 하셨는데, 그럼 어떤 걸 염두에 두고 계신가요?"

"리넨 소재로 몸에 너무 달라붙지 않으면서도 세련된 느낌을 주고 또 색상이 튀지 않는 게 좋겠어요."

(앞서 한 질문에 대한 답을 다음 질문에 활용한다.)

"튀지 않는 색 중에서도 특히 좋아하는 색이 있으신가요?"

"베이지 색이 좋겠네요."

(그런 다음 새로운 질문 라인을 시작할 수 있다.)

나는 교육 과정을 진행할 때 중요한 내용을 간편하게 외울 수 있도록 다음과 같이 'LISTEN(경청)'의 두문자어를 이용한다. 각 머리글자에 해당하는 내용만 실천해도 확실한 효과를 얻을 수 있다. 경청은 적극적인 기술이며 다른 모든 기술과 마찬가지로 부단한 연습이 필요하다. 다행스러운 점은 우리의 일상적인 커뮤니케이션 방식이 쓰기 9퍼센트, 읽기 16퍼센트, 말하기 30퍼센트, 듣기 45퍼센트 등 다양하게 나뉘어 있어서 연습할 기회가 많다는 것이다.

전문가의 노트

고객뿐만 아니라 같이 일하는 동료, 친구, 가족에게도 'LISTEN(경청)' 두문자어를 활용할 수 있는 기회를 찾아보자. 아무리 까다로운 사람에게도 발휘되는 그 효과에 깜짝 놀랄 것이다.

L 관심 있는 태도를 보인다 Look Interested

- 화자를 똑바로 바라본다.
- 계속 시선을 맞춘다.
- 편안한 분위기를 유지한다.
- 몸을 상대방 쪽으로 기울인다.
- 열린 자세를 유지한다.

I 질문을 통해 궁금한 내용을 알아낸다 Inquire with Questions

- 화자가 의미하는 바를 명백하게 밝힌다.
- 모든 사실관계를 파악할 때까지 파고든다.
- 다양한 질문 기법을 활용한다.

S 목표에 집중한다 Stay on Target

- 자신의 목표를 잊지 말라. 즉, 요점에서 벗어나지 않는다.
- 내용을 끝까지 듣는다. 상대방의 의도를 미리 속단해서는 안 된다.
- 상대의 말을 가로막아서는 안 된다(상대방이 요점에서 벗어나는 경우는 예외).
- 한 발 앞서서 생각한다.

T 자기가 아는 바를 확인한다 Test Your Understanding

- 상대가 한 말을 제대로 이해했는지 확인한다. — '그러니까 말씀하신 내용이…… 맞습니까?'(상대의 말을 자기 식대로 요약한다.)

E 내용을 검토한다 Evaluate the Message

- 화자의 의도를 확인한다.
- 말한 내용과 그것을 표현한 방식(신체언어, 말하는 속도, 말투와 높낮이)을 분석한다.

N 자신의 감정을 제어한다 Neutralise Your Feeling

- 상대방의 말을 반박해서는 안 된다.
- 흥분하거나 감정적으로 행동해서는 안 된다.
- 계속 긍정적으로 생각한다.
- 열중하는 모습과 진심 어린 관심을 보인다.
- 자제심을 발휘한다.

소리는 귀로 듣지만 경청은 마음으로 듣는 것이다.

해야 할 일과 해서는 안 되는 일

해야 할 일

✓ 상대의 말을 듣는 일에 최대한 집중한다.

✓ 전화통화를 할 때든 직접 대면할 때든 긍정적이고 개방적인 느낌을 주는 신체 언어를 활용한다.

✓ 편안한 눈맞춤을 계속 유지한다.

✓ 주제와 관련된 질문을 던져서 적절한 부분에서 말을 끊고 상황을 제어한다.

✓ 질문을 통해 자세한 세부사항을 파악한다.

✓ 상황을 명확하게 파악할 수 있는 질문을 던져서 자기가 추측한 내용을 확인한다.

✓ 섣부른 판단은 피한다.

✓ 상대의 말을 자기 식대로 받아서 요약한다.

해서는 안 되는 일

- ✗ 안절부절못하는 모습을 보이거나 자꾸 돌아다녀서는 안 된다.
- ✗ 부적절하게 말을 끊어서는 안 된다.
- ✗ 자신의 방침만 고수하지 말고 상대방이 하는 말의 흐름을 따라가야 한다.
- ✗ 자기 마음대로 추측해서는 안 된다.

행간에 귀를 기울이자

관찰 능력을 키우는 것도 고객의 의도를 명확하게 파악하는 데 매우 중요하다. 여기에는 신체언어에 담긴 의미나 표정, 목소리의 어조와 높낮이를 제대로 알아차리는 일도 포함된다. 이런 것들이 모두 고객의 감정을 파악할 수 있는 중요한 단서를 제공한다. 단서를 발견했으면 질문과 확인 기술을 이용해서 자기가 추측하고 이해한 내용이 정확한지 확인한다.

전문가의 노트

전화로 상대방의 말을 들을 때

- 고객의 목소리에 유의한다. 목소리 크기, 말투, 높낮이는 상대의 감정을 파악하는 데 정말 좋은 단서가 된다. 목소리가 높아지거나 낮아지는 것은 여러분에게 말하고 있는 고객의 심경에 변화가 생겼음을 나타낸다. 목소리가 높아지면 뭔가에 흥분했

거나 열중하고 있다는 뜻이고, 반대로 낮아지면 뭔가를 체념하거나 부정적인 시선으로 바라본다는 뜻이다. 또 말하는 속도가 빨라지면 흥분을, 느려지면 차분한 감정을 나타낸다.

- 전화통화 중에는 시각이 다른 데로 분산되는 일이 없도록 해야 한다. 전자장비 사용에 유의한다. 컴퓨터 앞에 앉아 있거나 휴대전화를 들고 있으면 이메일이나 문자 확인에 정신이 분산되어 큰 문제가 된다! 텔레비전이나 책상 위에 흩어져 있는 각종 서류, 기타 관심이 쏠리는 다른 대상 등도 여러분의 주의를 분산시킬 수 있다. 누군가와 전화통화를 하는 것은 그 사람과 직접 만나서 얘기를 나누는 것과 다를 바 없는 일이다. 따라서 딴 데 정신을 팔지 말고 상대방에게 온전히 집중해야 한다. 다른 일에 주의가 분산된다면 고객을 불친절하게 대하는 것이나 마찬가지다. 그런 물건은 눈에 보이지 않는 곳으로 치워야 한다.
- 고객과 전화통화를 할 때는 상대방의 이름과 회사 이름 등을 받아 적을 수 있는 메모지를 책상 위에 상비해둬야 한다. 자기가 대화하는 상대방의 이름이 갑자기 기억나지 않을 때만큼 당황스러운 순간도 없다.
- 상대방이 여러분의 모습을 볼 수 없다고 해서 서로를 이어주던 끈이 끊어지는 것도 느끼지 못할 것이라고는 생각하지 마라. 전화통화를 할 때도 상대에게 시선을 계속 고정하는 것이 직접 마주하고 있을 때만큼이나 중요하다.
- 긍정적인 신체언어를 활용해야 한다. 이것이 여러분의 목소리와 호흡에 실제로 영향을 미치기 때문이다. 단정한 자세로 의자에 앉아 미소를 지으면서 통화하는 것이 좋다. 진부한 얘기처럼 들리겠지만 실제로 이 방법이 효과가 있다. 나는 고객서비스 담당자들에게 까다로운 상대방과 통화를 할 때는 자리에서 일어나서 통화하라는 말을 자주 한다. 똑바로 일어서거나 좋은 자세를 유지하면서 통화를 하면 목소리에 얼마나 힘이 실리는지 놀라울 정도다. 그리고 목소리에 힘이 실리면 자신감까지 덩달아 높아지는 것은 당연한 일이다.

내 몸이 전하는 말

보는 눈이 있고 듣는 귀가 있는 사람이라면 인간은 결코 비밀을 지킬 수 없다는 사실을 잘 안다. 입술을 굳게 다물어도 손가락이 수다를 떨고 온 몸의 모공에서 비밀이 새어나오기 때문이다.

– 지그문트 프로이트Sigmund Freud

다른 사람의 신체언어와 말투를 관찰하는 일이 중요한 것처럼, 자기가 바로 앞에 있거나 전화로 얘기하는 고객에게 어떤 영향을 미치는지도 잘 알아야 한다. 우리의 신체언어와 말투는 전달하는 메시지나 고객과의

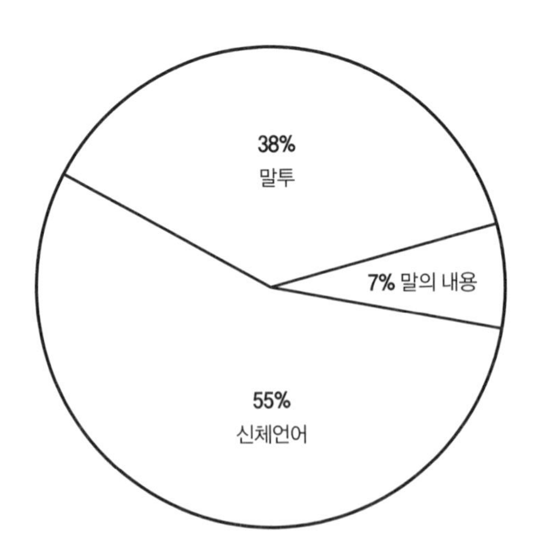

그림 2.2 • 신체언어와 말투, 말의 영향력 비교

자료 출처: 앨버트 메라비언Albert Mehrabian

사이를 연결해주는 끈에도 지대한 영향을 미친다. 텔레비전 드라마를 볼 때 음량은 줄인 채 화면만 봐도 배우들의 기분이 어떤지 판단할 수 있다. 그들의 움직임과 표정을 통해 그들이 지금 슬픈지, 행복한지, 화가 났는지, 기쁜지, 적대적인지, 아니면 우호적인지 알 수 있기 때문이다.

신체언어와 말투는 전달하는 메시지에 큰 영향을 미친다.

한 연구 결과에 따르면 많은 사람들 앞에서 프레젠테이션을 할 때 사람들이 받는 인상의 55퍼센트는 신체언어로, 38퍼센트는 말투로 결정되며 프레젠테이션 내용을 통해서 받는 인상은 단 7퍼센트에 불과하다고 한다.

전문가의 노트

비언어적 커뮤니케이션을 올바르게 이해하는 방법

- 여러분의 몸짓은 고객에게 어떤 말을 전하는가? 여러분은 책상이나 계산대에 기대거나 구부정하게 선 자세로 고객을 대하는가? 별로 대단치 않은 일처럼 느껴질지도 모르지만, 이런 자세는 등을 똑바로 펴고 머리는 꼿꼿하게 세운 자세로 손님을 대할 때와 매우 다른 인상을 준다. 양발에 체중을 고르게 싣고 똑바로 선 자세는 자신감을 풍긴다. 하루 종일 이런 자세를 유지하는 것은 힘든 일이지만 고객에게 좋은 인상을 안겨주는 유일한 방법이기도 하다. 좋은 자세는 상대방에게 큰 영향을 미친다.

- 고객을 상대하는 동안 계속, 혹은 적어도 80퍼센트 이상은 시선을 맞추고 있어야 한다. 고객과 시선을 맞추고 있으면 여러분이 고객의 말에 관심을 가지고 열심히 귀 기울이고 있다는 사실을 보여준다. 동시에 여러 고객을 응대할 때는 시선을 골고루 분산시키는 것이 좋다.
- 표정과 몸짓에 유의한다. 예를 들어, 눈썹을 치켜 올리는 동작은 고객의 말에 의심을 품고 있는 것처럼 보이기 쉽고 뺨을 부풀리는 것은 분노의 표시다. 우리는 말을 할 때 자연스럽게 손도 같이 움직이는 경향이 있다. 대개의 경우 별 의미 없는 동작이지만 꽉 쥔 주먹을 빠르게 흔들거나 뭔가를 가리키거나 단념한 듯 양손을 쳐드는 등의 몇몇 손동작에는 많은 의미가 담겨 있다. 신체의 다른 부분도 의사 전달에 사용된다. 어깨를 으쓱하거나 고개를 뒤로 젖히거나 발을 구르는 동작은 불만 또는 반대의 뜻을 나타내기 때문에 고객들은 이런 동작을 보고 싶어 하지 않는다.
- 고객과의 거리에 신경 쓴다. 너무 가깝게 다가서면 고객의 공간을 침범하게 되고 최악의 경우 위협하거나 협박하는 듯한 느낌까지 줄 수 있다. 반대로 너무 멀찍이 서 있으면 고객에게 관심이 없는 것처럼 보인다.
- 여러분의 선 자세/앉은 자세는 어떠한가? 서로 협력해서 일하는 사람들은 대부분 45도 정도의 각도를 유지하는 경우가 많다. 서로 대립하는 관계이거나 상급자/하급자 관계인 이들은 대개 마주보곤 한다. 대화 도중에 등을 돌리는 태도는 적개심이나 무관심을 드러내는 확실한 신호다.
- 여러분은 지금 복합적인 메시지를 전달하고 있지는 않은가? 우리는 본능적으로 상대방의 신체언어를 읽는 데 매우 능하기 때문에, 자신의 신체언어가 전달하고자 하는 메시지를 보완할 수 있도록 신경 써야 한다. 예를 들어, 말로는 고객의 우려를 이해한다고 하면서 몸짓으로는 상대방에게 전혀 관심이 없다는 사실을 드러낸다면 고객은 그것을 바로 보고 느낄 수 있다. 결과적으로 상황이 더 악화되거나 고객이 무시당한다는 느낌에 화를 내면서 자리를 뜰 수도 있다.

- 어조는 말의 의미까지 달라지게 한다. 가장 흔한 방법은 문장 끝 부분에서 목소리를 높여 평서문을 의문문으로 만드는 것이다. '갈 시간이야'는 '갈 시간이 됐다'는 뜻이지만, '갈 시간이야?'는 '벌써 떠날 시간이 됐어?'란 뜻이 된다. 뭔가 생각에 잠기거나 상대방의 말에 귀를 기울일 때는 하던 말을 멈추게 마련이다. 그런데 입을 다물고 있는 시간이 너무 길어지면 긴장하거나 지루해한다는 느낌을 준다. 반대로 말을 멈춘 시간이 너무 짧으면 긴장감이나 분노, 혹은 서두르고 있다는 인상을 준다. 높아진 목소리는 화가 났거나 자기 논지를 이해시키는 데 열심이거나 상황을 지배하고자 하는 욕구를 드러낸다. 너무 조용한 목소리로 말을 하면 자기 자신이나 자기가 말하는 내용에 확신이 없다는 뜻으로 받아들여질 수 있다. 말할 때 어조를 다양하게 바꾸면 관계의 친밀함에 극적인 영향을 미친다. 일례로 '기분이 어떠십니까?'라는 질문을 강한 어조로 물으면 피상적인 답이 돌아올 가능성이 높다. 하지만 좀 더 부드러운 목소리로 똑같은 질문을 하면 상대에 대한 공감과 관심을 전할 수 있다.

공감*의 힘

이 주제는 고객 불만을 처리하는 방법에 대한 장에서 자세히 살펴보겠지만, 고객서비스의 토대를 다루는 장에서 공감에 대해 언급하지 않는 것은 말도 안 되는 일이다.

---

* **공감**
말 그대로 '같은 감정'을 느끼는 것, 다른 대상의 감정과 느낌을 공유할 수 있는 능력이다. (위키백과)

공감을 제대로 이해하려면 고객에 대한 자신의 태도부터 다시 살펴봐야 한다. 다른 사람의 입장이 되어 생각해봐야 하는 것이다. 내가 상대방과 같은 감정을 느낀다면 어떨지 상상해보자. 이런 노력을 해야 하는 이유는 우리도 고객으로서 언젠가 그와 비슷한 상황을 경험하면서 우리 고객들과 같은 감정을 느끼게 될 수 있기 때문이다. 한편으로 우리가 고객을 중요하게 여기고 존중하고 이해하지 않는다면 어떻게 그들에게 공감할 수 있겠는가? 이런 호의적인 태도가 기본적으로 깔려 있지 않은 공감은 진실하지 않고 깔보는 것처럼 느껴질 수도 있다. 공감이 중요한 이유는 화난 고객을 대할 때 감정을 가라앉히는 가장 좋은 방법 가운데 하나이기 때문이다. 화난 고객에게 공감을 표하면 그 감정이 흡수되어 흥분했던 고객도 차분히 생각할 여유를 갖게 된다. 이는 상황이 불공평하다거나 부당하다거나 뭔가 오해가 있다고 생각해서 발생한 부정적인 감정이 억지로 차단당하지 않기 때문이다. 우리가 고객의 감정을 있는 그대로 인정하면 그 고객에게 긍정적인 영향을 미치게 된다. 단, 진심으로

전문가의 노트

처음에 고객의 감정에 공감할 수 없다면 공감적 경청 방법을 이용한다. 다시 말해, 자신의 의견이나 판단은 보류한 채 상대의 말을 이해하는 태도로 듣다 보면 진심으로 공감할 수 있는 뭔가를 발견하는 데 도움이 될 것이다.

공감할 수 있을 때만 공감을 표현하는 것이 매우 중요하다.

서비스를 제공하는 입장에서 고객과 공감함으로써 얻을 수 있는 이익은 무엇일까? 공감은 감정에 휩싸인 고객과의 상호작용을 신속하게 해결할 수 있게 해주며 결과도 더 바람직하게 나온다. 공감을 통해 고객과의 접점을 찾고 친밀감을 쌓으며 두 사람 사이에 팀워크 분위기를 조성할 수 있다. 여러분이 자기편이라는 사실을 고객이 깨달으면, 기쁜 마음으로 함께 협력해 문제를 해결하려고 하거나 여러분이 사안을 정리할 수 있도록 시간을 준다. 이렇게 양측이 협력하게 되면 해결 과정이 더 빨리 진행된다. 그리고 고객의 협조가 있으면 해결 결과도 더 긍정적으로 나온다.

공감의 두 부분: 기술(빙산의 일각)과 태도(빙산 전체)

– 출처 불명

여러분의 공감을 표현할 수 있는 방법은 여러 가지다. '고객님이 얼마나 실망스러우실지 잘 알겠네요'라든가 '어떤 심정인지 압니다. 제가 그 상황이라도 똑같이 느꼈을 테니까요'처럼 상대의 감정을 인정하는 말을 건네는 방법도 있다. 그러나 무엇보다 중요한 점은 고객과의 상호작용 내내 공감하는 태도를 유지해야 한다는 것이다. 공감과 신뢰는 효과적인 상호 이해와 커뮤니케이션, 관계의 기본 토대이며 문제의 해결책을 마련하고, 거래를 성사시키고 유지하며, 충돌을 피하거나 완화시키는 데도 필수적이다. 또한 고객의 불만을 처리하거나 고객이 이탈하지 않도록 계속 유지하는 일에 있어서도 공감과 신뢰는 꼭 필요한 요소다.

Example!!!

나는 업계 최고의 크루즈 회사와 일한 적이 있는데 이 사례는 그 회사 서비스 콜센터에서 일하는 팀장 가운데 한 명에게 들은 것이다. 한 고객이 악천후로 인해 갈아타야 하는 비행기를 놓치는 바람에 항해 일정에 맞추지 못하는 상황이 발생했다. 플라이 크루즈fly cruise(비행기와 배를 모두 이용하는 유람 여행 — 옮긴이)를 예약했던 그들은 크루즈 회사가 제공하는 비행기를 타고 유람선의 첫 번째 기항지인 코르푸Corfu로 가서 그곳에서 배에 합류하기로 했다. 하지만 운 나쁘게도 심한 폭풍우가 몰아친 탓에 배가 코르푸에 기항하지 못하게 되어 여기서도 배에 탈 수가 없게 되었다. 그 여행은 단 1주일 동안 진행되는 크루즈 여행이었기 때문에 결국 고객들은 단념하고 집으로 돌아갔다. 다섯 살짜리 아이를 둔 젊은 부부인 이들은 당연히 크나큰 실망감에 빠졌고 영국의 집에 돌아오자마자 부인은 울면서 콜센터에 전화를 걸었다. 회사 측에서는 그해 하반기에 진행되는 다른 크루즈 상품을 이용할 수 있게 해주겠다고 했지만 고객의 화는 여전히 풀리지 않았다. 팀장은 공감적 경청을 통해 고객이 화가 난 주된 이유를 알아낼 수 있었다. 그녀는 아들이 유람선에서 열리는 공식적인 만찬 석상에서 입을 턱시도를 사주고는 아이가 잘 차려 입은 모습을 멋지게 사진에 담을 순간을 꿈꿔왔다. 그런데 이제 실제로 유람선을 탈 무렵이 되면 아이가 커서 옷이 맞지 않을까 봐 염려되었던 것이다. 본인도 자녀가 있었던 팀장은 아이 엄마의 마음에 진심으로 공감하면서 그녀의 심정을 정확하게 이해했다. 이런 공감 덕분에 두 사람 사이에 친밀한 감정적 유대가 생겨났고, 고객은 이 회사가 상황에 능숙하게 대처할 뿐만 아니라 자기와 가족들이 느낀 실망감까지 배려해준다는 느낌을 받게 되었다. 정말 대단한 효과 아닌가!

성격이 중요하다

다양한 성격 유형에 대한 이해

대체적으로 우리는 자기와 비슷한 성향의 사람을 좋아한다는 것은 널리 알려진 사실이다. 누군가와 '마음이 맞으면' 보다 편안하고 느긋한 기분이 된다. 반면 어떤 사람은 이유도 없이 우리를 짜증나게 할 때가 있다. 이들이 우리 신경을 건드리는 이유는 아마도 성향이 우리와 달라서 불편한 기분이 들게 하기 때문인지도 모른다.

고객의 성격 유형을 신속하게 파악해서 대응하는 능력을 갖추면, 고객 개개인의 차이를 이해해서 기분 상할 일을 피하고 우리가 상대의 행동에 맞춰줄 수 있기 때문에 고객이 우리를 받아들일 가능성이 높아진다. 여러분이 세심하게 관리해야 하는 장기 고객들이 있는 경우에는 그들의 성격 유형을 이해해서 관계를 발전시켜 나가는 일이 더욱 중요하다.

자신의 타고난 성격 이해

이는 여러분이나 고객을 어떤 고정 관념을 가지고 분류하려는 것이 아니라 사람들 사이에 나타나는 차이를 이해하고 인정하기 위한 것이다. 여러분이 통을 4개 가지고 있는데 통마다 각기 다른 행동 유형이 들어 있다고 상상해보자. 각 통에 들어 있는 행동 유형의 양은 저마다 다르다. 이것이 전부 뒤섞인 우리는 네 가지 주요 성격 유형이 골고루 혼합되어 나타나게 된다. 어떤 통이 꽉 차 있으면 거기에 해당하는 특정 성격 유형에 유연하게 대처하고, 통이 비어 있을수록 그 성격이 힘들고 불편하게 느껴진다. 게다가 우리가 살펴보는 것은 개개인의 성향뿐이고 능력이나 지성, 가치관, 사고방식 등은 이 모델로 측정하지 않는다. 전부 행동에 포함된다고 여기는 것이다. 중요한 것은 자신의 통 가운데 어떤 것이 가득 차 있는지 혹은 비어 있는지 확인하고 이것이 고객과의 상호작용에 미치는 영향을 이해하는 것이다.

20세기 심리학계의 주요 인물인 칼 구스타프 융Carl Gustav Jung은 간단하고 이용하기 편리한 기준에 따라 사람의 '성격 유형'을 분류하기 시작한 위대한 사상가 가운데 한 명이다. 그는 그림 2.3과 같은 네 가지 원형을 제시했다.

그림 2.3은 두 가지 주요 요소를 보여준다.

1. 사람들이 결정을 내리는 성향(수직축에 표시)
2. 사람들이 타인과 관계를 맺는 방식(수평축에 표시)

이것을 보면 세상에는 순수한 논리/이성에 따라 결정을 내리는 사람부터 주로 느낌이나 '직감'에 따라 행동을 취하는 사람에 이르기까지 다양한 사람들이 존재한다는 것을 알 수 있다. 또 타인과의 상호작용을 열렬히 원하는 사람이 있는가 하면 주변 분위기를 지배하거나 목소리를 높

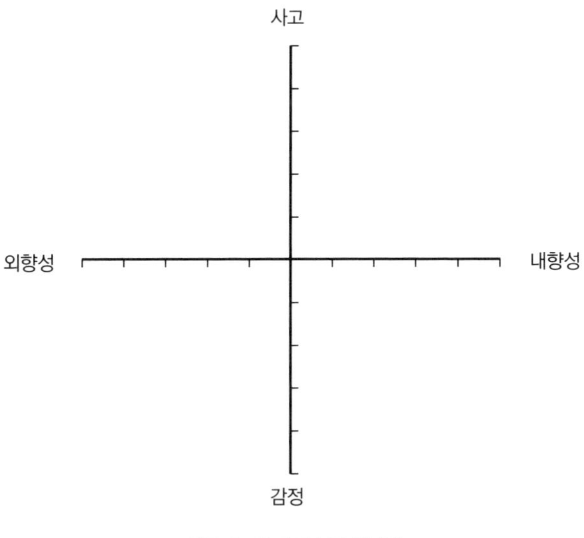

그림 2.3 • 네 가지 성격 사분면

이는 것보다는 자신의 내적 경험 안에 머무는 쪽을 선호하는 사람까지 다양하다.

융은 전자와 같은 유형을 '외향성', 후자를 '내향성'이라고 칭했다. 이 용어와 관련해서 논란이 있다. 내향성인 사람은 수줍음이 많고 자신감이 부족한 반면 외향성인 사람은 자신감과 확신이 넘친다고 생각하는 이들이 있지만 반드시 그렇지는 않다. 그림 2.4에서 보듯이 외향적인 사람은 '외부에서 에너지를 얻고' 내향적인 사람은 '자기 내면에서 에너지를 얻는' 것뿐이다.

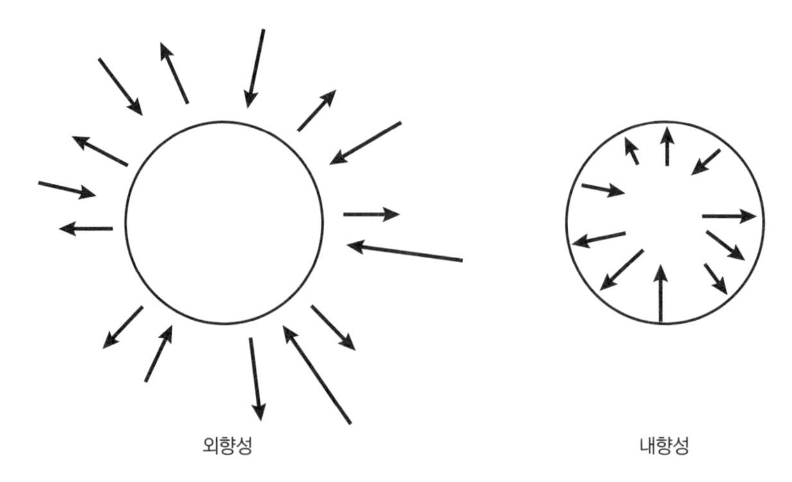

그림 2.4 • 외향성인 사람과 내향성인 사람이 에너지를 활용하는 방식

외향성인 사람이 무슨 생각을 하는지 모른다면 제대로 귀 기울여 듣지 않은 것이고, 내향성인 사람이 무슨 생각을 하는지 모른다면 물어보지 않은 것이다.

– 출처 불명

이 법칙을 다른 사람들에게 적용하기 전에 자신의 성향을 먼저 알아보는 것도 좋은 생각이다. 다음의 네 가지 질문 세트(질문 A, B, C, D)를 이용하면 자기가 내향적인 태도에 익숙한지 아니면 외향적인 태도에 더 익숙한지 확인할 수 있다. 각 항목이 본인의 성향과 일치한다고 생각되면 ×표를 하고 일치하지 않으면 공란으로 남겨둔다.

질문 A

- 질문에 즉시 답하는 것을 꺼리고, 시간이 얼마나 걸리든 상관없이 대답하기 전에 어떤 답을 할 것인지 곰곰이 생각하고 말하는 편인가? ______
- 평소에 자기 생각을 표현하는 데 어려움을 겪으며, 어떤 생각을 표현할 시간과 장소를 미처 얻지 못한 상태에서 다른 사람이 그와 똑같은 내용을 주장하는 바람에 좌절한 경험이 자주 있는가? ______
- 자기 생각과 의견을 표현하는 도중에 방해를 받으면 화가 난다. 다른 사람들이 자기 생각을 표현할 수 있도록 내가 예의 바르게 기회를 주었으니 나도 그와 똑같은 대우를 받을 자격이 있다고 생각한다. ______
- 빈둥거리며 나누는 잡담이나 한가한 수다를 지겹다고 여긴다. ______
- 문제가 생기면 다른 사람에게 털어놓기 전에 혼자 곰곰이 생각하는 편인가? ______

질문 B

- 생각보다 말이 앞서고, 일단 말을 시작하면 자기 생각을 숨김없이 다 밝히는가? ____
- 낯선 사람과의 대화에도 쉽게 끼어들고 대화 분위기를 주도해 나가는 편인가? ____
- 회의나 토론 중에 걸려온 전화도 주의를 산만하게 하는 방해꾼이 아니라 반가운 휴식으로 여기는가? ____
- 혼자 일하는 것보다 여럿이 무리 지어 함께 일하고 함께 아이디어를 내놓는 쪽을 더 좋아하는가? ____
- 문제가 생기면 먼저 다른 사람들과 이야기를 나눠본 뒤 나중에 혼자 곰곰이 생각하는 편인가? ____

이제 내향성-외향성 척도(그림 2.5)에 자신의 위치를 ×자로 표시한다. '질문 A'는 내향적인 태도를 나타내고 '질문 B'는 외향적인 태도를 나타낸다. A와 B의 점수가 동일하게 나왔다면 이는 양쪽 상태가 아주 비슷하다는 것을 뜻하므로 더없이 괜찮은 상황이다. 지금까지 두 가지 태도를 잘 적응시켜서 이제 내향성과 외향성이 서로 조화를 이루게 된 것이다. 이런 경우에는 본능적으로 자신이 가장 편안함을 느낄 수 있는 쪽

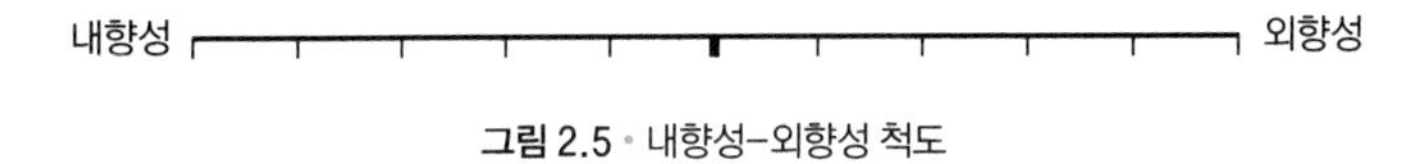

그림 2.5 • 내향성-외향성 척도

을 택하게 된다.

고객과의 접점을 찾는 방법에 있어서 그들이 내향적인 사람인지 아니면 외향적인 사람인지에 따라 그들이 여러분에게 보이는 반응에 중대한 차이가 나타날 수 있다. 고객과 직접 대면하는 상황에서는 시선 맞추기와 미소, 전화통화를 할 때는 집중력과 말투를 통해 친밀감을 쌓는 것은 물론 중요한 일이다. 그런데 이때 고객이 더없이 솔직한 반응을 보이면서 여러분과의 상호작용을 통해 많은 에너지를 얻으려고 한다면 그들은 외향적인 성향이 강한 사람일 가능성이 높다. 반면 좀 주저하는 모습을 보이거나 부드러운 형태로 에너지를 발산하는 사람은 내향적인 행동을 할 확률이 높다. 외향적인 사람과의 관계를 유지하려면 그들의 강렬한 에너지를 발판 삼아야 하고, 내향적인 사람의 경우에는 그들이 여유를 가지고 반응을 보일 수 있는 시간과 공간을 허용해야 한다.

이제 의사 결정 성향을 살펴보면서 여러분이 논리와 사실을 이용하는 쪽을 선호하는지 아니면 직감에 의지하는지 알아보자.

질문 C

- 평화로운 상태를 유지하는 것보다는 사실을 바탕으로 논쟁을 해결하는 것을 더 좋아하는가? ______
- 평소 심지가 굳기 때문에 누군가의 의견에 동의하지 않을 경우, 아무 말도 하지 않고 그들이 옳다고 여기는 대로 놔두는 게 친절한 행동임을 알면서도 굳이 그 사실을 밝히는 편인가? ______
- 중요한 결정을 쉽게 내리고, 당면한 문제와 아무 상관없는 일을 걱정하는 사람들이 잘 이해되지 않는가? ______
- 남들과 함께 일할 때 반드시 그들을 좋아하거나 그들의 호의를 얻어야 할 필요는 없다고 생각하는가? ______
- 모든 사실을 파악하기 전까지는 그 일에 대해 회의적인 태도를 취하는가? ______

질문 D

- 다른 사람의 기분에 따라 결정을 내리는가? ______
- 다른 사람의 사정에 맞추기 위해 자신의 편의를 희생시키는가? ______

- 타인의 행복에 영향을 미치게 될 결정에 의문을 제기하는가? _____

- 자기가 한 말에 대해 누군가 즉각적으로 반박하면 기분 나빠하기 때문에 주변 사람들에게서 심약하다는 평을 듣는가? _____

- '옳은 것을 고수'하는 것보다 남들과의 화합을 중시해 충돌을 피하는가? _____

이제 사고-감정 척도(그림 2.6)에 자신의 위치를 ×자로 표시한다. '질문 C'는 사고를 중시하는 태도를 나타내고 '질문 D'는 감정을 중시하는 태도를 나타낸다. 이번에도 양쪽 점수가 똑같으면 본능적으로 자기가 더 편안함을 느끼는 쪽을 택하게 된다.

고객들이 결정을 내리는 방식은 우리에게 있어 그 무엇보다 중요한 사안이다. 우리는 고객이 계속해서 우리와 거래를 하겠다는 중요한 결정을 내려주기를 바란다. 이때 고객의 주요 성향을 이용할 수 있다면, 그들이 수월하게 결정을 내리고 향후 자신의 결정에 만족할 수 있는 방향으로 제품과 서비스를 제시하는 일이 가능해진다. 간단하게 정리하자면 생각이 많은 사람에게는 명확한 사실과 근거, 논리가 잘 통한다. 의사 결정의 첫 단계에서 감정에 호소하는 것은 전혀 소용이 없으며 그들의 짜증만 돋울 뿐이다. 반면 감정이 풍부한 고객에게 논리와 사실을 제시하면 고객은 지루함을 느끼고 흥미를 잃게 된다. 물론 이 두 가지 성향

그림 2.6 • 사고–감정 척도

은 서로 통하는 부분이 있다. 일례로 내성적이고 생각이 많은 사람은 마음을 털어놓게 하기가 무척 힘들다. 그들은 여러분이 제공하는 제품이나 서비스가 마음에 들지 않아도 그 사실을 말하지 않을 가능성이 높다. 오래 고민한 끝에 이메일이나 편지를 보내 여러분에게 그 사실을 알리는 것은 여러분이 운이 좋을 때의 얘기고, 대개의 경우 아무 말도 하지 않을 것이다. 그림 2.7은 다양한 성향이 서로 어떻게 작용하는지 보여주는 모델이다. 이 책의 다른 장에서 다시 이 모델에 대해 언급하게 될 것이다.

이제 그림 2.7의 수평축과 수직축에 ×표를 2개 다 표시할 수 있고, 이

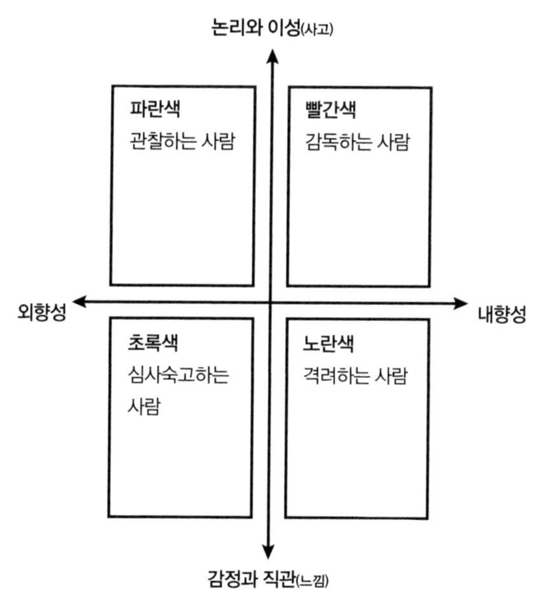

그림 2.7 • 성격 유형을 나타내는 색상 축

것으로 자신에게 가장 자연스러운 태도가 무엇인지 알게 된다. 대부분 한 가지 색상의 사분면에 위치하게 되는데, 이때 위치가 축에 가까울수록 해당 태도에 잘 적응할 수 있는 능력을 지녔을 가능성이 높다.

전문가의 노트

고객과 장기적인 관계를 유지하고 있다면 각 고객에 대한 프로필을 개별적으로 작성해서 친밀감을 높이고 관계를 굳건히 해야 한다.

1. 지금까지 자신이 관찰한 바와 이 장에서 설명한 내용을 바탕으로 고객의 주된 행동 유형이 무엇인지 판단한다.
2. 현재의 관계를 검토한다. 관계의 어떤 부분이 탄탄하고 어떤 부분에 문제가 있는가?
3. 고객과의 관계를 관리할 전략을 세운다. 예를 들어 고객은 내성적이고 생각이 많은 사람인데 여러분은 외향적인 성격이라 고객을 자꾸 방해한다는 생각이 들면, 고객이 먼저 입을 열 수 있도록 충분한 여지를 준다. 새로운 관계의 출발점으로 삼기에 괜찮은 목표다.

성격 유형의 특징

추진적: 빨간색(과업과 결과 중시)

- 늘 활력이 넘친다.
- 날카롭고 강조하는 듯한 신체언어를 자주 사용한다.
- 자기 표현력이 강하다.
- 말할 때는 빠르고 빈틈없는 말투를 쓴다.
- 잡담을 싫어한다.
- 쉽게 화를 내고 신속하게 반응한다.
- 목표에 집중한다.
- 자기가 원하는 바와 그것을 얻는 방법을 안다.
- 의사 전달이 신속하고 요점만 말한다.

- 때로 무뚝뚝하고 퉁명스럽게 행동하기도 한다.
- '결과가 수단을 정당화한다'고 여기는 사람이 될 가능성도 있다.
- 활기차게 열심히 일한다.
- 충돌을 피하지 않는다.

자기 표출적: 노란색(남들에게 인기와 호감을 얻는 것을 중시)

- 금세 미소를 지으며 대화에 끼어든다.
- 몸짓이 세련되고 표현력이 뛰어나다.
- 개방적인 신체언어를 사용한다.
- 얘기하는 것을 무척 좋아한다. 모든 사람이 잠재적인 새 친구다.
- 타고난 영업사원 또는 이야기꾼이다.
- 성품이 따스하고 열정적이다.
- 남에게 동기를 부여하거나 의사소통을 하는 일에 뛰어나다.
- 경쟁심을 발휘하기도 한다.
- 사태의 진상과 세부사항은 빠뜨린 채 상황을 과장하려는 경향이 있다.
- 때로는 말만 하고 실행에 옮기지 않는 경우도 있다.

사교적: 초록색(남을 기쁘게 하는 것을 중시)

- 다른 사람과 관련을 맺고 그를 신뢰하고 싶어 한다.
- 몸짓이 부드럽고 모나지 않았다.

- 조용하고 사색적인 에너지가 느껴진다.
- 본인의 사생활을 보호하고 싶어 한다.
- 늘 부드럽게 말하고 편안한 침묵에 빠져들기도 한다.
- 가급적 충돌을 피하려고 하는 상냥한 사람들이다.
- 어떤 상황에서나 잘 어울릴 수 있다.
- 확실한 결단을 내리는 데 어려움을 겪기 때문에 우유부단한 사람처럼 비칠 수도 있다.
- 매우 섬세하고 감정적이다.

분석적: 파란색(올바른 결정을 내리는 것을 중시)

- 초연하고 냉정하며 감정을 드러내지 않는 것처럼 보인다.
- 폐쇄적이거나 조심스러운 신체언어를 사용한다.
- 필요할 때만 말을 하는 경향이 있다.
- 한가하게 잡담하는 것을 불편해한다.
- 세부사항에 심하게 집착하는 편이다.
- 필요한 사실을 모두 알지 못하면 결정을 내리는 데 곤란을 겪는다.
- 매우 비판적인 사람일 가능성이 높다.
- 천성적으로 비관적인 성향을 띠는 경우가 많다.
- 보수적이고 위험을 무릅쓰는 것을 꺼린다.
- 매우 예리하다.

이 가운데 다른 성격 유형보다 특별히 뛰어나거나 바람직한 성격은 없으며, 다들 다양한 방식으로 서로를 보완한다. 특히 장기적인 관계의 경우, 고객이 여러분을 좀 더 편안하게 대할 수 있도록 고객 성향에 맞춰 행동을 조정한다면 두 사람 사이에 신뢰와 존중의 마음이 커져서 기존 거래를 유지하거나 더 많은 거래를 성사시킬 수 있게 된다.

전문가의 노트

노란색

잠깐 동안의 짧은 접촉

- 따뜻하고 다정한 상호작용
- 잡담
- 개인적인 터치
- 상대방의 이름 부르기

장기적인 관계

- 우호적이고 격식에 얽매이지 않은 편안한 관계
- 재미와 사적인 접촉
- 넘치는 활력과 자발적인 행동
- 지나친 압박은 금물

파란색

잠깐 동안의 짧은 접촉

- 공손하고 예의 바른 태도
- 지나치게 사적인 행동은 금물
- 고객이 생각할 수 있는 시간
- 느릿한 속도와 차분한 에너지

장기적인 관계

- 격식을 차린 전문적인 느낌
- 감정이 배제된 정확한 사실 제시
- 침착하고 차분한 분위기
- 고객이 의사 표현할 기회를 주고 조용히 귀를 기울여야 한다.

초록색

잠깐 동안의 짧은 접촉

- 친절하지만 사적인 느낌이 없는 접객 태도
- 공감과 이해심
- 온화한 에너지
- 진정한 관심

장기적인 관계

- 부담감이 없고 조화로우며 우호적인 관계
- 상호 신뢰
- 고객이 말할 여지를 주고 예의바르게 귀를 기울여야 한다.
- 성실과 정직

빨간색

잠깐 동안의 짧은 접촉

- 활기 넘치고 효율적이며 신속한 고객 대응
- 잡담 금지
- 고객의 사회적 지위 존중
- 직접적이고 결과 지향적

장기적인 관계

- 상호 존중을 기반으로 한 효율적이고 결과 중심적인 관계
- 성과와 이익
- 과업 중심의 신속한 업무 처리
- 고객에게 그가 매우 중요한 인물이라는 느낌을 줘야 한다.

관계 유지 능력 평가: 관계 범위 도표

이 방법은 고객과 관계를 맺고 긍정적으로 상호작용할 수 있는 능력이 어느 정도인지 평가하기 위한 것이다. 이 자율 점검 과제는 본인 스스로 생각하는 과업 수행 능력을 기준으로 자신을 평가할 수 있게 해준다. 1에서 5까지의 척도를 이용해 자신을 평가하는데, 5가 '탁월함'이고 1은 '매우 부족함'이다. 자기가 받은 점수를 관계 범위 도표에 표시해보면 필요한 기술을 개발할 때 가장 우선적으로 신경 써야 하는 부분이 어디

인지 알 수 있다. 정기적으로 이 도표를 이용해서 자신의 발전 상황을 확인하자. 그림 2.8에 완성된 관계 범위 도표의 예가 나와 있다.

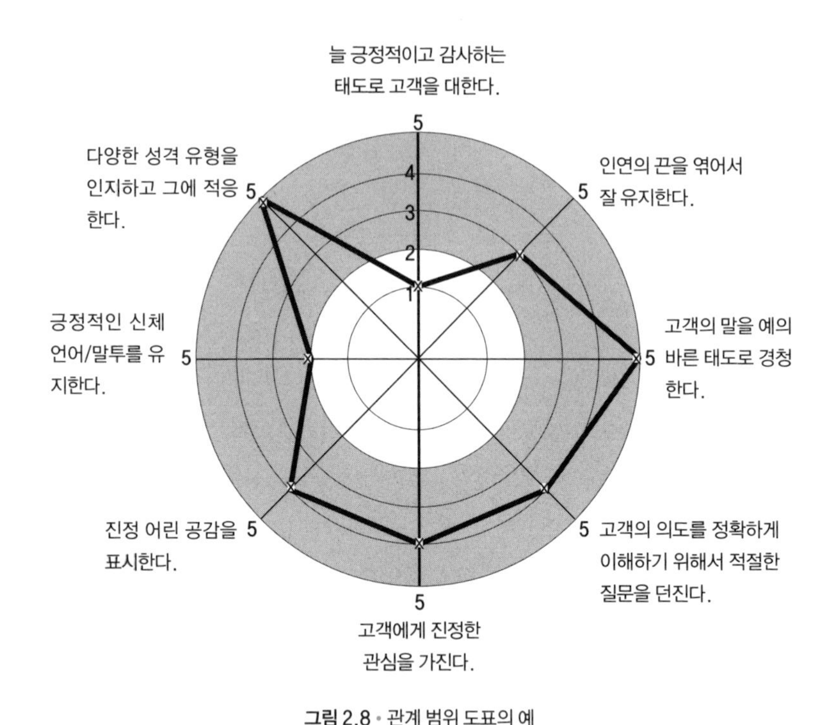

그림 2.8 • 관계 범위 도표의 예

늘 긍정적이고 감사하는 태도로 고객을 대한다.	__/5
인연의 끈을 엮어서 잘 유지한다.	__/5
고객의 말을 예의 바른 태도로 경청한다.	__/5

고객의 의도를 정확하게 이해하기 위해서 적절한 질문을 던진다. ___/5

고객에게 진정한 관심을 가진다. ___/5

진정 어린 공감을 표시한다. ___/5

긍정적인 신체언어/말투를 유지한다. ___/5

다양한 성격 유형을 인지하고 그에 적응한다. ___/5

고객서비스 관리자

여러분이 고객서비스 팀을 관리하는 입장이라면 사람을 좋아하고 고객에게 감사할 줄 아는 직원을 채용하도록 신경 써야 한다. 이들에게 앞서 설명한 대인 기술을 훈련시킨다. 다른 사람을 대하는 기술은 타고나는 것으로 여기는 경우가 많지만, 모두가 날 때부터 이 기술을 갖추고 있는 것은 아니다. 노력해서 습득하고 계속 관심을 집중해야지, 결코 당연한 것으로 여겨서는 안 된다. 직원들이 관계 범위 도표를 이용해 스스로를 평가하고 좀 더 훈련이 필요한 부분이 어디인지 파악하도록 하자.

알맹이만 쏙쏙!

- 고객에 대해 올바른 태도를 지녀야 한다. 고객을 존중하고 감사하는 태도를 기본 방침으로 삼는다.
- 고객과 직접 얼굴을 대하건 아니면 전화를 통해서건 상관없이, 집중 경청과 긍정적인 신체언어를 통해 인연의 끈을 만든 뒤 이를 계속 유지한다.
- 공감하는 모습을 보이고 항상 진심 어린 태도로 고객을 대한다.
- 자신의 성격 유형을 파악하고 융통성 있는 자세로 고객을 대해서, 고객들이 마음 편히 거래할 수 있는 상대가 되어야 한다.
- 관계 범위 도표를 이용해서 자신의 성과를 측정한다.

chapter

03

'가상' 서비스를 훌륭한 고객서비스로 전환하라

실생활에서의 거래에 불만을 느낀 고객이 친구 6명에게 그 사실을 알린다면, 인터넷 거래에서 불만을 느낀 고객은 친구 6천 명에게 그 사실을 알릴 수 있다.

– 제프 베조스Jeff Bezos, 아마존 설립자

나는 기술 전문가는 결코 아니며, 사실 기술 전반에 대한 이해가 부족하다며 남편의 비웃음을 사는 편이다. 또 기계와 상성이 잘 맞지 않는지 내가 쓰면 작동이 안 되다가도 다른 사람이 쓰면 다시 완벽하게 작동하는 일이 자주 있다. 이런 내가 요즘에는 인터넷을 통해서 제품과 서비스를 구입하는 일에 완전히 푹 빠져서, 내게 맞는 부분과 그렇지 않은 부분을 속속들이 파악하게 되었다. 우리는 고객이 어떤 경로를 통해 제품과 서비스를 구입하든 상관없이 항상 똑같은 것을 원한다는 사실을 명심해야 한다. 인터넷 덕분에 고객서비스가 쉬워진 부분도 있지만 전보다 훨씬 어려워진 면도 분명히 있다. 이 장에서는 인터넷을 통해 서비스를 제공할 때 기억해야 할 핵심적인 사항들을 살펴본다. 모든 고객서비스의 경우와 마찬가지로 대부분이 뻔한 얘기들이지만, 그렇게 뻔한 것들을 우리가 늘 실행에 옮기고 있는 것은 아니다.

환상적인 인터넷 공간

인터넷은 우리 일상생활의 거의 모든 부분을 바꿔놓았다. 나만 해도 인터넷이 없었다면 이 책을 어떻게 쓸 수 있었을지 모르겠다. 인터넷은 전보다 훨씬 쉽고 빠르게 일을 처리하도록 도와주고 24시간 내내 언제라도 원하는 거래를 할 수 있게 해준다. 새벽 3시에 여행을 예약하는 일도 가능하고 밤 10시에 TV에서 광고한 CD를 주문할 수도 있다. 모든 것이 가능하다는 얘기다. 직접 멀리까지 가거나 주소를 알 필요도 없다. 그 어느 때보다 스트레스 없는 쇼핑을 즐길 수 있고 세계 각국에서 제공하는 수백만 개의 제품과 서비스에 접근하는 것도 가능하다. 그런데 이런 방식이 고객서비스에는 어떤 영향을 미칠까? 이는 다음과 같은 훌

> 인터넷은 그 어느 때보다 스트레스 없는 쇼핑을 즐길 수 있게 해준다.

륭한 서비스를 제공할 수 있는 기회가 전보다 훨씬 많아졌다는 뜻이다.

- 고객이 원할 때면 언제든지 정보를 제공해서 독자적으로 이용할 수 있게 해주는 유용한 웹 사이트
- 고객이 제품을 구입하기 전에 미리 체험해볼 수 있게 해주는 인터랙티브 방식의 프로그램
- 고객들이 지속적으로 구매 이력을 관리할 수 있게 해주는 주문 추적 시스템
- 구매 후의 피드백을 유도하는 사후 관리 이메일
- 고객들에게 특가품이나 신제품 정보를 알릴 수 있는 기회

이런 서비스가 골고루 잘 운영되면 뛰어난 효과를 얻을 수 있다. 문제는 이것이 제대로 운영되지 않을 경우 고객들에게 실망과 반감을 안겨줄 수 있다는 점이다. 모든 형태의 사업이 다 그렇듯 인터넷으로 사업을 하는 이들도 만족스러운 고객서비스를 제공하는 것이 필수적이다. 인터넷 기반의 사업체가 여타 사업체들과 다른 고객서비스 기준을 제시하는 것은 말도 안 되는 일이다. 실제로는 인터넷을 통해 사업할 경우, 남들보다 고객서비스에 더 많은 노력을 기울여야 한다. 왜냐고? 인터넷 사업은 경쟁이 엄청나게 심한 분야이기 때문이다. 같은 번화가에 있

고객은 별다른 노력 없이 여러분의 사이트를 닫고 다른 사이트로 옮겨갈 수 있다.

는 상점들끼리만 경쟁하는 게 아니라 전 세계 시장을 상대로 경쟁해야 하는 데다가, 고객은 별다른 노력 없이 여러분의 사이트를 닫고 다른 사이트로 옮겨갈 수 있다. 그리고 고객이 여러분에게서 제품을 한 번 구입했다고 해서 다음에 또 그러리라는 보장이 전혀 없기 때문에 고객 충성도를 높이기 위해서는 한층 더 열심히 노력해야 한다. 또한 애초에 거래가 인터넷상에서 이뤄지는 이상, 고객이 나쁜 경험을 했을 때 그 내용을 손쉽게 인터넷 커뮤니티 전체와 공유할 수 있다는 사실도 잊어서는 안 된다.

온라인상에서 사업을 할 때의 장점

우리가 고객에게 인터넷 거래 기회를 제공하는 이유를 되짚어보자.

- 고객이 하루 24시간 언제든 제품을 구입할 수 있는 기회를 준다.
- 고객이 원할 때 원하는 방식으로 미리 제품에 대한 정보를 알아본 뒤, 확실한 정보를 바탕으로 직접 제품을 구입할 수 있게 해준다. 여러분은 인터넷을 통해 제품을 소개하고 최신 정보와 제품 사양, 용도를 알려주며 모든 제품을 한 장소에서 판매할 수도 있다. 인터넷에서 제공되는 정보와 제품 사양은 즉각적인 변경이나 갱신이 가능하다.
- 인터넷을 이용하면 쉽고 비용도 들지 않는 방법으로 고객들과 직접 의견을 교환할 수 있다.
- 다른 매체를 통해 여러분의 회사를 접하는 이들보다 훨씬 많은 사람에

게 제품을 홍보할 수 있기 때문에, 글로벌 기업으로 격상되는 것도 가능하다.

- 여러분과 고객 모두 시간과 돈을 절약할 수 있다. 인터넷은 주문이나 배송과 관련된 가외의 비용을 대부분 없애준다. 덕분에 제품과 서비스를 보다 저렴하게 제공할 수 있어서 경쟁력도 높아진다.
- 인터넷을 통해 제품을 주문할 때의 가장 큰 장점은 효율적인 주문 추적 시스템이다. 사이트에 로그인한 고객은 자신의 주문 이력을 검색해서 과거에 어떤 물건을 주문했는지 확인할 수 있다.
- 고객의 구매 내역을 추적해서 전체적인 구매 패턴을 파악하면 각 개인에게 맞는 마케팅 전략을 세울 수 있다.

고객은 무엇을 원하는가

통계자료를 통해 밝혀진 것

- 소비자들 가운데 50~70퍼센트는 형편없이 설계된 웹 사이트 때문에 원하는 제품을 온라인으로 구입하지 않는다.
- 전자소매업 사이트에서 고객들이 가장 자주 클릭하는 버튼은 '뒤로 가기' 버튼인데, 이는 열악한 웹 사이트 설계에 대한 사람들의 불만을 나타낸다.
- 고객 설문조사 결과에 따르면, 온라인 쇼핑을 하는 고객들이 느끼는 가

장 큰 불만사항은 다음과 같다.

– 느린 웹 사이트 속도 : 48%

– 품절된 제품 : 31%

– 배송 지연 : 30%

– 주문 추적 불가능 : 25%

– 웹 사이트 실행 중단 : 22%

기본적인 요구

모든 고객이 가지고 있는 보편적인 요구가 있다. 그것이 인터넷에서는 어떻게 표출되는지 살펴보자.

- **지식과 정보**. 우리는 어떤 물건을 살 때 그것에 대해서 알고 싶어 한다. 제품의 장점이나 우리에게 도움이 되는 부분이 궁금할 수도 있고, 제품 또는 서비스 기능에 대한 자세한 정보, 혹은 가격과 보증 조건을 알고 싶을 수도 있다. 인터넷의 차이점은 고객이 주도권을 쥐고 있기 때문에 고객이 원하는 정보를 쉽고 빠르게 찾을 수 있도록 해줘야 한다는 것이다. 고객들이 원하는 정보를 신속하게 얻지 못할 경우, 그들은 다른 사람의 감정을 고려할 필요 없이 그냥 다른 사이트로 가버리면 된다.
- **간편함**. 콜센터에서 이리저리 전화를 돌리면서 시간을 끌면 누구나 싫어한다. 최대한 빨리 담당자와 연결되어 통화할 수 있기를 바라기 때문이

다. 인터넷을 이용할 때는 참을성이 더 줄어든다. 나는 웹 사이트를 이용할 때 거쳐야 하는 절차가 너무 많은 것을 싫어한다. 내가 인터넷에서 쇼핑을 하는 이유는 시간을 절약하기 위해서이기 때문이다. 시간이 오래 걸려도 상관없는 경우라면 전통적인 쇼핑 경로를 이용할 것이다. 그러니 진절머리가 나서 떠나는 고객들이 여러분에게 많은 정보를 제공해줄 것이라고 기대해서는 안 된다.

- **좋은 대접.** 고객과 접하는 장소가 웹 사이트라고 해서 인간미 없는 서비스를 제공해도 괜찮다고 여겨서는 안 된다. '부탁'이나 '감사'의 느낌을 풍기는 태도는 인터넷에서도 필수적이다. 주문 내역 확인이나 배송 지연을 알리는 이메일을 보낼 때도 고객을 한 명의 인간으로 대해야 한다. 고객의 이메일 문의에 답장을 보낼 때는 고객의 말에 '귀 기울이고' 제기된 의문이나 사안에 빠뜨리지 않고 모두 답하는 것이 매우 중요하다(불만처리에 관한 자세한 사항은 제6장 참조).
- **마음의 평화.** 온라인에서 제품을 구매하는 고객이 가장 걱정하는 부분 가운데 하나가 바로 신뢰도, 즉 온라인 구매에 따르는 위험이다. 고객들은 주문 과정이 전적으로 안전하게 진행되고 혹시 일이 잘못될 경우 환불이나 제품 교환이 가능하다는 것을 알아야 마음의 평화를 얻을 수 있다. 그런 점에서 이베이eBay에서 사용하는 별점 제도가 구매 결정을 내릴 때 도움이 된다고 생각한다.
- **원하는 물건의 신속한 구입.** 나는 뭐든지 오래 기다리는 것을 싫어하지만

특히 인터넷에서 물건을 주문한 경우에는 더 빨리 받아보고 싶어 한다. 인터넷이라는 매체 자체가 워낙 즉각적으로 반응하는 매체이다 보니 고객들도 별로 참을성을 발휘하려 하지 않는다. 고객이 여러분을 통해 구매한 적이 있더라도 주문한 제품이나 서비스를 정말 신속하게 제공하지 못하면 고객 충성도를 잃게 될 것이다.

- 문제 해결. 인터넷상에서는 문제가 생겨도 직접 사람을 대할 필요가 없기 때문에 그만큼 감정적인 반응이 적어서인지 불평을 더 많이 늘어놓는 경향이 있다. 이는 기업 입장에서는 다행스러운 일이지만 그렇다고 해서 고객의 불만을 무시해서는 안 된다. 아무리 감정적인 접점이 없어서 무시하기 쉽다 하더라도 말이다. 고객 입장에서는 다른 방법이 모두 실패할 경우 언제든 실제 사람과 접촉할 수 있다는 사실을 아는 것이 진정한 보너스가 된다.

Example!!!

아마존은 내가 거래 대상으로 선호하는 기업 중 하나다. 내가 아마존에서 쓴 돈을 생각하면 이 회사 주식을 갖고 있었어야 마땅할 정도다. 아마존은 가상 서비스가 얼마나 훌륭한 수준으로 제공될 수 있는지 보여주는 환상적인 본보기인데, 그 이유를 살펴보자.

- 웹 사이트 실행 속도가 매우 빠르고 페이지 탐색이 정말 쉽다. 특히 내가 관심 있을 만한 다른 제품을 추천해주는 기능이 마음에 든다. 또 사이트 내에서의 검색도 간편하다.

- 혼자 힘으로도 원하는 정보를 쉽게 찾을 수 있다.
- 고객이 회원 가입할 때 적었던 세부 정보가 모두 보관되어 있기 때문에 물건을 구매할 때마다 주소와 신용카드 정보를 다시 입력할 필요가 없다. 매번 정보를 다시 입력하게 하는 기업들이 많기 때문에 아마존의 이런 점이 마음에 든다.
- 나처럼 참을성이 부족한 사람들을 위한 다양한 배송 옵션이 있는데 대부분 무료다.
- 주문 즉시 내역을 확인하는 이메일이 발송되는데 그 내용이 예의 바르고 인간미가 있다.
- 주문 이력을 손쉽게 추적할 수 있다.
- 반송 정책이 수월하고 간편하다.

전체적인 이용 과정이 물 흐르듯 진행되기 때문에 계속 아마존을 찾게 된다. 최근 아마존을 통해 어떤 컴퓨터 게임을 출시일 전에 미리 구입한 적이 있는데, 이때 이 회사는 기존보다 한층 더 발전된 서비스를 보여줬다. 게임이 출시되고 나자 아마존보다 슈퍼마켓에서 구입하는 쪽이 더 저렴하게 구입할 수 있었던 것이다. 그러자 아마존은 이 사실을 내게 알려주면서 미리 지불했던 차액을 환불해줬다. 사람과의 직접적인 접촉이 전혀 없는 상황에서도 이 얼마나 훌륭한 서비스란 말인가.

우리는 앞에서 설명한 고객의 핵심적인 요구를 명심하면서 각자의 회사에서 진행하고 있는 인터넷 마케팅을 고객의 눈으로 살펴볼 필요가 있다. 대기업들조차 잘못 이해하고 있는 경우가 있다. 작년에 한 슈퍼마켓 웹 사이트를 통해 크리스마스에 필요한 물건을 전부 주문했는데, 세심하게 주의를 기울여서 이 특별한 날에 필요한 물건들을 골라 쇼핑 카트에 담느라 거의 1시간이나 걸렸다. 그런데 어찌된 영문인지 이 사이트는 결제 과정에서 우리 집 주소를 입력하라는 요구를 하지 않았다. 그러는 사이에 시간이 초과되어 카트에 담아놨던 물건들이 사라지고 배송 예약 시간도 놓치고 말았다. 고객센터에 전화를 걸자 다들 더없이 무관심한 태도로 주문 과정을 처음부터 다시 시도해야 한다고만 했다. 난 컴퓨터 앞에 앉아 소중한 1시간을 낭비했을 뿐만 아니라 이제 다른 배송 시간을 지정하기에도 너무 늦어버렸기 때문에 직접 슈퍼마켓으로 달려가 붐비는 인파를 마주할 수밖에 없게 되었다. 그 슈퍼마켓은 내가 평소 애용하던 곳이었지만 그 일이 있은 후 다시는 찾지 않게 되었고, 지금은 대신 이용하게 된 다른 슈퍼마켓의 충실한 고객이다. 웹 사이트에서 당한 낭패 때문에 10년 넘게 쇼핑하러 다니던 곳과 연을 끊게 된 것이다. 여러분도 가상 세계에서 사업을 벌일 계획이라면 아래의 기본 사항을 숙지해서 고객 충성도를 높이고 이탈하는 고객이 없도록 해야 한다.

인터넷 사업의 기초

- 사이트를 구축하고 서비스를 준비할 때 항상 고객을 염두에 둬야 한다. 고객 친화적인 부분에 중점을 둔 사이트를 개발해서 훌륭한 고객서비스 '태도'를 갖춘다. 이를 위해서는 어떤 제품을 제공할 예정이고 사이트의 목적은 무엇인지 명확하게 정해놓아야 한다. 아무리 좋은 콘텐츠를 준비해도 방문자가 이를 찾지 못한다면 아무 소용이 없으므로, 한 눈에 알

아볼 수 있는 제목과 표제, 그리고 논리적으로 정리된 정보를 이용해 사이트를 체계적으로 구성해야 한다. 뉴스레터 신청이나 특별 콘테스트처럼 클릭을 유도해야 하는 메뉴가 있는 경우에는 방문객들에게 참여를 당부해도 괜찮다. 고객이 최대한 간편하게 사이트 내용을 검색 및 이용할 수 있게 해야 하며, 가입이나 신청 등 여러분이 고객에게 요구하는 절차를 거치는 데 시간이 얼마나 걸리는지도 고려할 필요가 있다.

- 조직 내에 존재하는 서비스에 대한 열정을 회사 웹 사이트를 통해 전달할 수 있어야 한다. 웹 사이트가 기업의 정문 역할을 하는 일이 점점 많아지고 있다. 접수원이나 전화 교환원이 회사의 얼굴 구실을 하는 것처럼 잠재 고객과 고객이 볼 때 웹 사이트는 기업의 연장선이나 마찬가지며, 고객들은 단 0.1초 만에 모든 판단을 내린다는 사실을 기억하자.

전문가의 노트

- 다른 회사의 웹 사이트들을 살펴보자. 고객의 입장으로 방문해서 마음에 드는 점과 그렇지 않은 점을 기록한다.
- 고객들에게 여러분의 사이트에서 무엇을 원하는지 물어보자.

- 주문 과정이 간단하고 확실해야 한다. 고객이 마주칠 가능성이 있는 모든 의문점과 문제, 사안들을 다 고려한다. 혼란을 야기할 만한 부분은

모두 없앤다. 내가 실망했던 일 중 하나는 모든 복잡한 과정을 다 거친 후 마지막에 가서야 제품을 주문하려면 직접 회사로 문의해야 한다는 사실을 깨달았던 일이다. 이러면 속은 듯한 기분이 들기 때문에 그냥 다른 사이트로 가버리곤 한다.

- 주문이 들어오면 즉시 처리해서, 주문해줘서 고맙다는 내용이 담긴 확인 메일을 고객이 바로 받아볼 수 있게 해야 한다. 주문한 물건이 출고되면 고객에게 제품 배송이 시작되었음을 알리는 두 번째 메일을 보낸다. 이런 메일은 고객과 친밀감을 형성할 수 있는 유일한 기회이기 때문에 메일 내용에 기본적인 인간미가 담겨 있어야 한다.
- 고객이 기대한 것 이상의 서비스를 제공해 고객을 놀라게 한다. 배송 정책상 고객이 주문한 제품을 5~7일 이내에 받아볼 수 있게 되어 있다면, 3~4일 내에 배송이 완료되도록 노력하는 식이다. 기대했던 것보다 빠른 시간 안에 뭔가를 받게 되면 언제나 기분이 좋은 법이며 여러분의 평판도 10배쯤 좋아진다.
- 주문 추적 기능을 갖춘다. 고객이 하는 문의 가운데 상당수가 주문 상태에 관한 것이다. 주문 추적 과정을 자동화하면 다른 긴급한 사업 문제들을 처리할 시간을 확보할 수 있다.
- 보증, 배송, 환불 정책을 명확하게 알린다. 소매업 분야의 경우에는 고객이 손쉽게 제품을 반송할 수 있게 해줘야 한다. 제품 포장 안에 반송용 라벨을 넣어두는 것 같은 간단한 방법이 크게 도움이 된다. 대금을 결제

하는 순간에 배송료를 포함시켜서 고객을 놀라게 하지 말고 결제 과정이 시작되기 전에 미리 배송료를 알려줘야 한다. 이는 고객의 충성을 얻는 데 큰 영향을 미친다. 대체적으로 볼 때 확실한 평판을 지닌 회사와 거래하는 것이 아닌 이상, 대부분의 사람들은 인터넷을 통해 제품을 구매하는 것을 두려워한다는 사실을 기억하자. 여러분에게서 제품 또는 서비스를 구입하면서 만족스러운 경험을 했다면 앞으로도 계속 다시 찾을 것이고 이곳은 안전한 사이트라고 생각해 다른 사람들에게도 추천하게 된다.

Example!!!

집에서 정기적으로 유기농 채소를 배달받아 먹고 싶다는 생각에 인터넷을 뒤지다가 주문하기 쉽고 깔끔하게 제작된 멋진 웹 사이트를 하나 발견했다. 그곳은 농장에서 직영하는 사이트고 규모도 상당히 작은 듯해서 좀 걱정이 되기는 했지만 그래도 우리 집 근처에서 배달차를 본 적도 있기 때문에 주문을 해보기로 했다. 곧 새로운 고객을 환영한다는 인사가 담긴 근사한 이메일이 도착했고, 나는 주문한 상품이 도착할 날을 고대했다. 그로부터 3주 동안 싱싱한 과일과 채소가 담긴 상자가 매주 우리 집으로 배달되었다. 그런데 다음 금요일에는 배달 상자가 도착하지 않아서 주말에 손님을 맞을 계획이었던 나는 실망감에 젖었다. 웹 사이트에 적혀 있는 연락처로 전화를 걸자, 다음 날인 토요일 아침에 평소 주문하던 배달 상자를 보내주면서 미안함의 표시로 내가 주문하지 않은 물건이 담긴 상자를 하나 더 보내주었다. 그런 마음씀씀이가 기뻤고 게다가 추가로 보내준 물건들이 마음에 쏙 들었기 때문에 그 이후 정기 주문 품목에 포함시키기 시작했다. 지금은 사용하기 쉽고 안전하며 한 사람의 고객으로 존중해주는 이 회사를 정말 신뢰하고 있어서 다른 곳은 이용하지 않는다.

- 항상 사이트의 모든 페이지에 회사 주소와 전화번호를 기재해둬야 한다. 고객이 경험할 수 있는 최악의 상황은, 온라인으로 주문을 한 뒤에 문제가 생겨서 사이트에 적혀 있는 전화번호로 전화를 걸었는데 전화를 받지 않거나 회신이 없는 것이다. 이런 경우 지금까지 쌓아온 모든 신뢰가 사라지고 고객을 잃게 된다.
- 가능하면 일이 잘못되었을 때 고객들을 도울 수 있도록, 진짜 사람이 근무하는 실시간 상담 부서를 운영하는 것이 좋다. 실제 상담원과 대화를 나눌 수 있으면 고객의 쇼핑 체험이 한층 만족스러워지고 사이트가 안전하게 운영되고 있다는 확신을 주는 데도 많은 도움이 된다. 이런 상담 부서가 마련되어 있다면 사이트에 그 사실을 홍보하면서 고객이 연락할 수

전문가의 노트

인터넷 사업을 처음 시작하는 기업들이라면 실시간 채팅을 이용하는 것도 괜찮다. 이것은 동시에 여러 명의 고객에게 실시간으로 도움을 줄 수 있는 방법이다. 단점은 채팅 창구에 담당 직원을 배치해야 한다는 점이다. 사이트에 담당자가 상담해줄 수 있는 시간을 명시해둬야 한다. 그리고 실시간 채팅 시간을 정해놓았으면 그 시간에는 반드시 상담이 가능하도록 최선을 다하자.

실시간 채팅 기능을 이용하는 것은 인스턴트 메시지 기능과 흡사하다. 사이트에 채팅 기능을 설치하면 고객이 링크를 클릭하는 즉시 상담원과 연결되는 것이다. 보통은 작은 브라우저 창이 열리면서 고객과 실시간으로 대화를 나눌 수 있게 된다.

있는 시간을 확실하게 명시해야 한다. 이것이야말로 사이트의 주된 장점이 될 수 있다.

- 이메일과 전화를 통해 접수된 모든 문의는 48시간, 혹은 가급적 그보다 빠른 시간 안에 답을 해줘야지 그렇지 않으면 고객들이 경쟁사로 옮겨간다. 그리고 이때 답변은 담당자가 직접 작성한 맞춤형 답변이어야 한다. 고객과 커뮤니케이션을 할 때 자동 응답 메일만 사용해서는 안 된다.
- 고객의 질문과 문의, 불만을 개개인에게 맞는 방식으로 신속하게 처리해주면, 고객들은 여러분이 자신의 관심사에 신경을 써준다는 사실을 알게 된다. 여러분이 실제로 운영하는 오프라인 매장에서는 직원들이 다른 일을 하느라 바빠 고객을 멀뚱히 세워두는 일은 결코 없을 것이다. 오프라인 매장에서 그런 식으로 일을 했다가는 오래 유지되지 못할 것이 뻔하다.
- 고객이 주문을 한 뒤에는 반드시 그 내역을 확인하는 메일을 보낸다. 주문해준 것에 대해 거듭 감사를 표하고, 의문점이나 문제가 생기면 주저하지 말고 언제든 문의하라고 권한다. 그리고 새로운 제품이나 서비스가 나오면 이메일을 통해 고객들에게 알린다(단, 고객의 사전 동의가 있을 때에 한한다). 고객이 사이트를 다시 찾지 않아도 추가적인 혜택을 준다. 아마존이 현재 이런 서비스를 제공하고 있는데 썩 마음에 든다.
- 웹 사이트에 FAQ 메뉴를 마련한다. 지원 지식 기반을 20퍼센트만 활용해도 고객들이 하는 질문의 80퍼센트 이상을 처리할 수 있다는 사실을

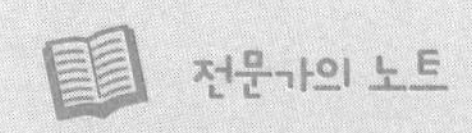

고객이 피드백을 해주면 그 보답으로 작은 선물 또는 할인권을 주거나 경품 행사에 무료로 참여시켜 주는 등 대가를 제공하는 것이 좋다. 고객들이 자신의 사적인 부분을 드러내지 않아도 된다고 생각해서 피드백을 많이 해주는 것이 인터넷의 좋은 점이므로, 고객의 피드백에 과도한 반응을 보이지 않도록 주의해야 한다.

아는가? 사람들이 자주 하는 질문을 웹 사이트에 정리해 놓으면, 고객은 따로 문의하지 않고도 원하는 답을 얻어서 스스로 문제를 해결할 수 있다. 사이트를 다 뒤져도 원하는 답을 얻지 못해 회사에 전화까지 걸어야 한다면 정말 불편한 일이 아닐 수 없다. 고객들이 필요로 하는 정보가 해당 사이트에 모두 나와 있어야 한다.

- 고객들이 여러분의 회사와 사이트를 평가할 수 있게 한다. 고객들에게 간단한 고객서비스 설문지를 작성해달라고 부탁하자. 이때 설문지는 쉽고 빠르게 작성할 수 있어야 하고 본인의 의견을 적을 공간도 마련한다. 고객의 의견을 신중하게 살피고 그에 따라 사이트를 개선하도록 노력해야 한다.

위에 소개한 기본적인 방법들은 훌륭한 가상 서비스를 제공하기 위한 토대다. 하지만 사업을 운영하면서 완전히 익명을 유지한다는 건 불가능한 일이므로 고객들에게 개인적인 접점을 제공해야 한다. 훌륭한 고객서비스의 토대에 대해서 다룬 제2장의 내용은 고객을 직접 대면하거나 전화통화를 할 때뿐만 아니라 인터넷에서 고객을 만날 때도 똑같이 적용된다. 인터넷상에서 정말 훌륭한 개인화 서비스를 제공할 수 있는 방법을 찾아내면 경쟁자들보다 앞서나갈 수 있다. 이런 일을 정말 제대로 해낼 수 있는 기업은 몇 안 되기 때문이다.

알맹이만 쏙쏙!

- 인터넷은 사업을 확장하고 고객서비스를 개선할 수 있는 멋진 기회의 장이다.
- 고객들이 인터넷 사이트를 이용할 때 느끼는 가장 큰 불만이 무엇인지 파악한다. 느린 속도가 최악의 불만사항이라고 느끼는 이들이 많다.
- 고객이 어떤 방법으로 제품과 서비스를 구매하든 간에, 그들이 원하는 기본적인 사항은 언제나 똑같다. 인터넷을 이용하는 경우 전달되는 방식이 다르기는 하지만 결국 무엇보다 중요한 것은 각 개인의 쇼핑 체험이다.
- 고객의 기본적인 요구를 이해하고 그것을 각자에게 가장 적합한 방식으로 충족시켜 줘야 한다. 그리고 고객의 피드백을 받아서 이 부분이 제대로 실행되었는지 확인한다.
- 이미 훌륭한 가상 서비스를 제공하고 있는 다른 기업들의 사례를 살펴본다. 그들에 대해 연구하고 배워야 한다. 인터넷을 통해 훌륭한 개인화 서비스를 제공할 수 있다면 경쟁자들보다 앞서나갈 수 있다.

chapter

04

'감정 척도'를 이용해 고객 충성도와 신뢰를 높이자

감정적 경험

기쁜, 신난, 존경받는, 내가 중요한 존재로 느껴지는, 인정받는, 감사받는, 이해받는, 관심받는, 도움받는, 만족스러운 느낌

실망스러운, 짜증난, 낙담한, 바보가 된 듯한, 과소평가되는 듯한, 굴욕적인, 화난, 오해받는, 불만스러운 느낌

좋은 감정

나쁜 감정

중립

감정 척도

딸이 고등학교를 졸업하고 대학 입학 전까지 1년간 견문을 쌓겠다며 여행을 떠나자, 아쉬운 마음에 기분이 매우 우울해졌다. 그래서 남편과 아들을 동반해 일주일 동안 마조르카Majorca로 저렴하면서도 즐거운 휴가 여행을 떠나야겠다고 결심하고 유명한 저가 항공사에 예약을 했다. 우리 가족은 탑승 수속을 마칠 때까지는 공항에서 양떼 같은 대우를 받으리라 예상하면서 출발까지 두어 시간은 고통을 감내할 각오를 하고 공항에 도착했다. 그 예상은 빗나가지 않았다. 우리는 온라인으로 탑승 수속을 하고 갔음에도 줄을 서서 30분 이상 기다린 뒤에야 겨우 탑승 수속 창구를 마주할 수 있었다. 그런데 우리 짐이 제한 중량을 초과하는 바람에 짐을 줄여서 가볍게 만들든가 아니면 터무니없이 비싼 초과 요금을 내야 하는 상황이 되었다. 우리가 웹 사이트에 기재된 정보를 제대로 읽지 않아 실수를 저지른 점은 인정하지만, 사실 웹 사이트에서 제공하는 정보가 매우 불명확했고 또 우리와 같은 처지에 놓인 사람들이 많은 것을 보면 우리만 그 내용을 잘못 이해한 것이 아닌 듯했다. 탑승 수속 창구의 직원은 고소해하는 듯한 태도로 우리에게 이 나쁜 소식을 전했고, 이 문제의 해결 방법을 알려주거나 우리를 도울 생각은 전혀 없어 보였다. "저쪽에 가면 저울이 있어요(우리를 쳐다보지도 않고 손으로 대충 가리키는 게 다였다)." "준비가 되면 다시 줄을 서세요."

그녀가 대충 손을 저어 가리킨 방향으로 가방을 끌고 갔지만 저울을 찾을 수가 없었다. 결국 같은 항공사의 다른 탑승 수속 창구에 물어보면서 완전히 바보가 된 듯한 기분을 느낀 뒤에야 겨우 정확한 방향을 알 수 있었다. 저울의 동전 투입구에 50펜스를 넣고 가방 무게를 기록하자 갑자기 기계가 멈춰버렸다. 무게가 확실한지 다시 재보려면 50펜스를 더 넣어야 하는 것이었다. 가방 3개의 무게를 다 재는 동안 계속 이런 일이 반복되다 보니 돈이 거의 10파운드 가까이 들었다. 동전을 바꾸는 건 또 얼마나 불편하던지, 10파운드를 50펜스짜리 동전으로 바꾸는 데 장장 10분이나 걸렸다. 정말 꼴사납고(우리 가족의 개인 물건이 공항 바닥에 마구 흩어져 있었다) 실망스러운 경험이었다. 그 항공사는 돈을 10파운드 이상 벌었는지 모르지만(애초에 그게 목적이었던 듯하다) 매우 화가 난 고객 3명을 얻게 되었다. 우리와 같은 저울을 사용하려고 줄 서서 기다리던 다른 고객들은 말할 것도 없고 말이다.

그런 다음 짐을 부치려고 다시 줄을 서기 위해 가보니 다행히 기다리는 사람들이 두 줄밖에 안 됐다. 탑승 수속 창구의 직원은 여전히 도와줄 생각도 안 했지만 이번에는 별 문제 없이 수속이 진행되었다. 마침내 수속을 마치고 알코올이 들어간 시원한 음료를 큰 잔으로 마시면서 마음을 진정시키고 휴가 기분에 젖을 수 있겠다고 생각한 바로 그 순간, 기내용 수화물 크기가 적당한지 확인할 수 있도록 수화물을 바구니에 넣으라는 말을 들었다. 나는 그 수화물을 들고 전 세계를 돌아다녔지만 지금껏 어떤 항공사에서도 기내 반입을 거부당한 적이 없다는 말을 미리 해둬야겠다. 하지만 화물로 부친 가방 무게를 줄이려고 거기에 들어 있던 물건을 기내 반입용 가방에 채워 넣은 탓에 가방이 잔뜩 부풀어서 바구니에 잘 들어가지 않았다. 직원은 나를 쳐다보지도 않고 말했다. "가방이 너무 크니까 가서 이보다 작은 걸 사오세요. 탑승 수속이 10분 뒤에 마감되니까 서두르셔야 합니다." 나는 바보같이 다른 가방에 들어 있던 물건을 여기로 옮기는 바람에 평소보다 약간 더 부푼 것뿐이라고 설명했지만 직원은 계속해서 "죄송합니다만, 바구니에 완전히 들어가는 크기여야 해요. 갖고 타실 수 있게 해드릴 수는 있지만 그러자면 비용이……." 그 순간, 아들이 가방을 열고 점퍼 두 벌을 꺼내더니 자기 옷 위에 겹쳐 껴입었다. 그리고 다시 가방을 닫은 뒤 크기 측정용 바구니에 가방을 쑤셔 넣었다.

정말 쓸데없는 시간 낭비였다. 우리는 그 자리를 떠나자마자 점퍼를 다시 가방에 집어넣었으니 말이다. 이 항공사는 고객의 요구와 감정보다 수익 창출을 훨씬 중요시한 탓에 결국 고객은 속았다는 기분과 함께 제대로 대접받지 못한다는 느낌을 받게 되었다. 이 불쾌한 경험의 대미를 장식한 것은, 만면에 미소를 띤 승무원이 비행기에 올라탄 우리에게 건넨 '즐겁고 편안한 비행되시기 바랍니다'라는 인사였다. 이때 즈음에는 그 어떤 방법으로도 우리의 감정 척도를 '즐거운' 경험 쪽으로 돌려놓을 수 없는 상태였다. 우리는 다른 대안이 하나도 없는 경우를 제외하고는 앞으로 절대 이 항공사를 이용하지 말자고 다짐했다(난 1년에 최소 20회 이상 영국 전역과 전 세계를 돌아다니기 때문에 기업 입장에서는 상당히 괜찮은 고객임이 분명하다). 또 주변 사람들이 우리 같은 경험을 하지 않도록 우리가 겪은 일을 얘기해줬기 때문에 이로 인한 도미노 효과도 발생했을 것이다.

> 서비스 경제에서 경험 경제로의 전환이 빠른 속도로 진행되고 있다.

리 리소스Lee Resources, Inc.라는 회사에서 최근 실시한 조사 결과에 따르면 한 차례의 부정적인 경험을 만회하려면 12번의 긍정적인 서비스를 경험해야 한다고 한다. 오늘날의 고객들은 수많은 선택권을 가지고 있다. 또 서비스 경제에서 경험 경제로의 전환이 빠른 속도로 진행되고 있다. 그 결과 고객들은 단순히 양질의 서비스와 제품만을 원하는 것이 아니라 긍정적이고 세심한 부분까지 배려해서 오래도록 기억에 남는 경험도 원하게 되었다. 고객의 감정 척도를 파악하면 경쟁자들보다 앞서 나가면서 고객 신뢰도와 충성심을 높일 수 있다. 또 훌륭한 서비스를 경험하면서 느낀 만족감만큼 오래 기억되는 것도 없고 이를 통해 이 회사를 다른 이들에게 추천해도 되겠다는 확신이 생기기 때문에 곧 입소문도 퍼지게 된다.

결정적 순간

감정 척도란 무엇인가? 이것은 고객들이 기업과 상호작용하면서 겪는 일련의 감정들을 말한다. 이런 감정은 대부분 거래 중에 한 번 이상 찾아오는 '결정적 순간'*에 느끼는 것들이다. 우리도 고객의 입장에서 기업과 거래하면서 여러 차례 '결정적 순간'을 맞게 된다.

내가 저가 항공사를 이용했을 때 했던 경험을 예시 삼아 중요한 '결정적 순간'들을 살펴보자.

- **웹 사이트.** 우리는 그 회사 웹 사이트에서 미리 온라인 탑승 수속을 해야 했는데, 그 과정이 매우 힘들고 혼란스러웠으며 온갖 수수료까지 요구했다. 일부러 고객을 우롱하는 게 아닌가 하는 생각이 들 정도로 부정적인 느낌을 주는 결정적 순간이었다. 게다가 시간도 너무 오래 걸려서 짜증이 났다.
- **탑승 수속 창구에 늘어선 줄.** 직원 수가 충분치 않았고 온라인으로 탑승 수

---

* **결정적 순간**

스칸디나비아 항공의 전 사장인 얀 칼슨Jan Carlzon이 1986년에 『고객의 영혼을 사로잡는 결정적 순간 15초Moments of Truth』라는 책을 썼다. 칼슨은 이 책에서 기업이 맞는 결정적 순간을 이렇게 정의했다.

'고객이 기업 조직의 어떤 측면과 접촉하는 모든 순간이 곧 고객에게 결정적인 인상을 줄 수 있는 기회가 된다.'

그는 중요한 브랜드 인상이 만들어지고 고객들이 좋은 감정 또는 나쁜 감정을 느끼는 기회가 되기도 하는 그런 순간을 가리키기 위해 이 용어를 사용했다.

결정적 순간은 고객이 받은 첫인상일 수도 있고 어떤 기대를 품고 있던 고객이 실망을 느끼는 순간이 될 수도 있다. 이 경우 고객은 기업에 대해 매우 부정적인 인상을 가지게 되고 자기가 거부당하거나 과소평가되거나 속았다는 느낌을 받을 수도 있다.

얀 칼슨은 이런 단순한 개념을 바탕으로, 사세가 기울어가던 항공사를 회생시켜 업계에서 가장 평판이 좋은 항공사 가운데 하나로 만들어놓았다.

속을 마친 뒤였는데도 불구하고 줄이 너무 길어서 30분이나 기다려야 했다. 부정적인 느낌을 안겨준 또 한 번의 결정적 순간으로, 제대로 고객 대접을 받지 못하고 양떼 취급을 받는다는 느낌이 들었다.

- **탑승 수속 창구**. 무례하고 거만한 직원은 고객의 요구보다는 이용 약관과 돈 버는 일에만 관심이 많았다. 이 결정적 순간 또한 부정적인 인상을 남겼고 고객은 바보 취급을 받은 듯한 굴욕감을 느꼈다.
- **저울**. 가방 무게를 재는 데 돈을 내야 하는 것도 문제였지만 더 큰 문제는 무게를 다시 잴 때마다 일일이 돈을 내야 했다는 점이다. 이것도 부정적인 인상을 준 결정적 순간으로, 고객을 소중히 여기지 않고 우리가 어떤 기분이 들지 아랑곳하지 않은 채 그저 최대한 돈을 많이 버는 데만 이용당하고 있다는 느낌이 강하게 들었다.
- **두 번째 탑승 수속 창구**. 여기에서도 사람을 멸시하는 듯한 태도의 무례한 직원이 우리 설명은 들은 척도 하지 않고 수화물이 너무 크다고 우겨댔다. 이 결정적 순간에는 정말 화가 치밀어서 가능하면 이 항공사를 다시는 이용하지 않겠다는 생각을 할 정도로 좋지 않은 인상을 받았다.
- **비행기 탑승 시**. 상냥한 미소, 따스한 눈 맞춤, 긍정적인 신체언어와 진심 어린 인사가 좋은 느낌을 주는 결정적 순간을 만들었다. 하지만 앞서 겪었던 부정적 순간들이 우리의 감정 척도에 이미 나쁜 인상을 새겨놓은 상태였기 때문에 이런 다정한 인사를 받고도 우리 마음은 바뀌지 않았다. 때가 너무 늦은 데다가 고객의 마음을 돌리기에는 너무 미약했다.

이상은 중요한 결정적 순간의 몇 가지 예일 뿐이고, 이런 부분이 가장 중요하기는 하지만 그보다 사소한 순간들도 많다. 일례로 여러분이 게이트를 향해 걸어가던 중에 항공사 직원 몇 명과 마주쳤다고 하자. 그 직원들이 여러분을 바라보며 미소를 지었다. 이런 장면은 결정적인 순간 중에서도 그리 대단치 않은 부분에 속한다고 생각할지도 모르지만 실은 상당히 중요한 영향을 미친다. 이 장면도 고객의 전체적인 경험에 추가되기 때문이다. 고객이 경험하는 결정적 순간은 나쁜 경험*, 중립적 경험**, 좋은 경험***으로 구분되며 좋은 경험을 많이 할수록 여러분이나 여러분의 회사에 대해서 좋은 감정을 품게 될 가능성이 높다.

Example!!!

우리 동네에 있는 라스 이구아나Las Iguanas 식당에서 이런 '멋진' 순간을 경험한 적이 있다. 10대인 우리 아이들이 이 식당을 좋아하기 때문에 자주 가는데, 이곳의 서비스 방식이 정말 훌륭해서 이 책에서도 몇 번 언급할 예정이다. 이날 우리 식구는 칵테일

---

* **나쁜 경험**
고객이 부정적인 경험을 해서 해당 기업에 대해 좋지 않은 감정을 품게 되는 순간.

** **중립적 경험**
고객의 기대가 충족되었지만 그 이상은 결코 아니고, 좋은 쪽으로든 나쁜 쪽으로든 생생한 감정을 이끌어내지 못한 경우. 이런 순간이 너무 많이 쌓이면 고객이 전체적으로 불만을 느끼게 된다.

*** **좋은 경험**
고객이 어떤 대상이나 사람에게 놀라움을 느끼는 순간. 이런 순간은 대개 고객의 기대를 뛰어넘는 경험을 안겨주기 때문에 회사에 대해 좋은 감정을 품게 된다.

1잔 가격에 2잔을 주는 금요일 밤의 해피 아워happy hour 시간에 맞춰 칵테일을 몇 잔 마시고 있었다. 부지배인인 알레한드라 프리스가 우리를 알아보고는 다가와서 인사를 건넸는데, 그녀는 평소처럼 우리 식구들 이름을 모두 기억하고 있었다. 그녀가 벌써 식사를 마쳤느냐고 묻기에, 휴가를 위해서 돈을 절약하는 중이라 여기서 식사는 못했지만 칵테일을 마시면서 즐거운 시간을 보내고 있다고 말했다. 10분 뒤 그녀는 나초와 우리 가족이 좋아하는 각종 곁들임 음식이 담긴 접시를 들고 돌아왔다. '우리 가게가 멋진 가족에게 드리는 서비스'라고 했다. 이런 서비스를 받으리라고는 전혀 예상하지 못한 데다가 배도 몹시 고팠기 때문에 가족들 모두 놀라고 감동했다. 이 동네에는 항상 문이 열려 있는 식당이 수없이 많지만 우리는 언제나 이 식당만 찾는다. 물론 음식도 맛있지만 무엇보다 중요한 점은 그곳에 가면 늘 기분이 좋고 가족 모두 행복한 체험을 할 수 있다는 사실이다.

고객에게 감동의 순간을 선사하는 데 반드시 돈이 들어가는 것은 아니다. 고객의 이름이나 몇 가지 개인적인 사항, 좋아하는 음료나 자리, 평소 구입하는 제품 종류를 기억하거나 혹은 잠시 하던 일을 멈추고 고객과 대화를 나누는 것만으로도 충분한 경우가 많다. 어느 기업, 어느 고객서비스 담당자라도 고객을 위한 감동의 순간을 자아낼 수 있다.

감동의 순간을 선사하는 데 반드시 돈이 들어가는 것은 아니다.

Example 1!!!

여러분의 회사 혹은 여러분이 책임지고 있는 회사의 일부분을 한 번 살펴보자. 여러분의 고객에게 있어 결정적인 순간은 언제일까(자신의 필터가 아닌 고객의 눈을 통해서 봐야 한다)? 그 가운데 특히 중요한 결정적 순간들을 파악한 뒤 이것을 감동의 순간으로 바꿔놓을 수 있는 방법을 생각해보자. 지금 일하는 회사가 본인 소유가 아니더라도 우리 가족을 위해 애써줬던 웨이트리스처럼 자신만의 결정적 순간을 책임져야 한다. 고객의 감정척도를 크게 변화시킬 수 있을 뿐만 아니라 스스로도 즐겁다. 여러분에게는 아주 작은 차이일지 모르지만 고객의 입장에서는 중립적인 순간이 감동의 순간으로 바뀔 수도 있는 일이다.

고객과 직접 상호작용하는 직원들을 관리하는 입장이라면, 그들 모두가 결정적 순간을 인식할 수 있게 해야 한다. 어떤 사람은 고객 만족은 자기 책임이 아니라고 생각하지만 어떤 지점에서든 고객과의 접촉이 있는 사람들은 모두 결정적 순간을 책임져야 한다.

웹 사이트의 모든 고객 접점과 전화를 통한 초기 접촉, 고객 대면 상황 등을 살펴보고 상호작용이 어떻게 완결되는지도 확인하자. 여정의 시작 지점만큼이나 마지막도 또한 매우 중요하다. 인간의 본성상 앞서 겪었던 모든 긍정적인 경험보다 마지막에 겪은 부정적인 경험을 기억하게 되기 때문이다.

모든 결정적 순간을 최대한 활용해야 한다. 고객 불만처럼 부정적인 순간일지라도 그 하나하나를 소중히 여기고, 여러분과 여러분의 조직이 얼마나 훌륭한지 보여줄 수 있는 기회로 삼는다. 이것이 결과적으로 장기적인 고객 충성도와 전체적인 고객 만족도에 큰 영향을 미치게 될 것이다.

호감을 주는 사업/불쾌감을 주는 사업

고객서비스의 세계에는 여러분이 결코 피할 수 없는 한 가지 사실이 있다. 그것은 서비스는 일련의 정확한 사실만 모아놓는다고 해결되는 것이 아니라 감정적인 경험을 제공해야 한다는 것이다. 다시 한 번 강조하지만 서비스는 논리적 경험이 아니라 정서적인 경험이다. 각 감정이 발휘하는 효과와 그것이 고객이 경험하는 결정적 순간에 어떤 영향을 미칠지 알고 싶을 것이다.

> 서비스는 일련의 정확한 사실만 모아놓는다고 해결되는 것이 아니라 감정적인 경험을 제공해야 한다는 것이다.

고객서비스에 논리를 적용하려고 하는 기업들이 매우 많다. 그들은 자사 고객이 얼마나 만족했는지 보여주는 통계자료를 발표하는 것을 좋아한다. 최근에 타이어 정비소에 들른 적이 있는데 그곳에서 정말 힘든 경험을 했다. 그곳 사람들은 마치 '여기는 기다리면서 시간을 때우기에 정말 불쾌한 장소니까 이왕지사 이렇게 된 거 더 불쾌한 곳으로 만들어 버리지 뭐. 난방 온도를 낮추고 벽에 어울리지 않는 포스터를 잔뜩 걸어놓고 고약하고 눅눅한 냄새까지 풍기자'라고 결심이라도 한 것 같았다. 이상한 점은 그 정비소 벽에 고객서비스 슬로건도 걸려 있었다는 것이다. 어떤 게시판에는 고객의 96퍼센트가 이 정비소를 마음에 들어 한다는 사실을 자랑해놓기도 했다. 그곳 책임자에게 그게 무슨 뜻이냐고 묻자 불만을 얘기한 고객이 4퍼센트밖에 안 된다는 뜻이라고 답했다. 이

책 뒷부분에서 고객의 침묵이 결코 좋은 징조가 아닌 이유에 대해 다시 얘기하겠지만, 단순히 고객이 얼마나 불평을 늘어놓는가를 가지고 자신들의 고객서비스와 결정적 순간을 평가해서는 안 된다.

> 훌륭한 고객서비스를 제공하는 일은 내가 생각했던 것보다 훨씬 어려운 일이다. 일부 영역에서 보면 과학이라기보다는 예술에 가깝고 어떤 사실보다는 그것을 전달하는 방식이 중요하다.
>
> – 데이비드 유David Yu, 벳페어Betfair 최고운영책임자COO

고객의 기대에 부응하거나 그것을 상회하는 양질의 서비스를 제공하는 일이 갈수록 어려워지고 있다. 기업은 저마다 다르지만 나는 여러 대기업에서 일해 봤는데 어떤 회사는 소매 시장에 제품을 팔고 또 어떤 회사는 주로 기업들을 상대하는 곳이었다. 나는 고객서비스의 관점에서 보면 두 가지 유형의 서비스 사업이 있다고 생각한다. 첫 번째는 고객이 회사와 상호작용을 하기 전부터 그 회사의 서비스나 제품에 대해 좋은 감정을 품고 있어서 감정 척도에서 높은 점수를 얻을 수 있는 사업이다. 예를 들어 곧 고급 스파에 갈 예정이라면 여러분의 감정은 벌써부터 '좋은 기분 지점'에 도달해 있을 것이다. 반면 두 번째 유형의 사업은 일이 시작되기도 전부터 감정 척도의 반대쪽 끝인 '나쁜 기분 지점'에 여러분을 데려다 놓는다. 내가 갔던 타이어 정비소나 치과 등이 여기에 해당

된다. 호감을 주는 기업의 고객들은 대개 휴가 여행을 예약하거나 실크로 만든 옷을 구입하거나 신형 스포츠카를 사거나 특별한 저녁 식사를 고대하며 즐거워한다. 호감 기업에서 일하는 경우에는 고객에게 부정적인 감정 경험을 안겨주기가 훨씬 어렵다. 고객이 기다리는 동안 자기에게 걸려온 전화를 받거나, 별 관심 없다는 듯한 태도로 고객의 전화를 받거나, 말도 없이 고객을 기다리게 하는 등의 태도를 보이지 않는 이상 고객은 불쾌해하지 않을 것이다. 오프라인 매장의 경우에는 고객이 들어와도 쳐다보지도 않고 그들이 존재하지 않는 양 행동하면서 미소도 일절 짓지 않아야 한다. 고객이 불평해도 공감하는 태도를 보이지 않고 모든 것을 고객 탓으로 돌리면서 뭐라고 불평하든 전혀 개의치 않는다는 듯이 행동해야 한다. 바보 같은 소리처럼 들리겠지만 실제로 일부 기업들의 행동이 바로 이렇다. 이들은 호감을 주는 업종에 종사하면서도 고객들을 불쾌한 기분에 빠뜨리고 있다. 여러분이 호감 업계에서 일하는 운 좋은 사람이라면 고객들이 기본적으로 느끼는 긍정적인 감정을 이용해 고객의 감정 척도가 올라가도록 노력해야 한다.

불쾌감을 주는 사업의 경우에는 양질의 서비스를 제공하는 일이 더욱 어렵다. 누군가가 자동차 앞 유리를 깨거나 타이어 바람이 빠지거나 심한 치통을 앓을 때가 있다. 이런 상황에서 긍정적인 감정을 느낄 가능성은 매우 희박하다. 서비스에 대한 기대를 충족시키는 것은 늘 어려운 일이지만 불쾌감을 주는 사업 분야의 경우에는 특히 더하다. 고객들은 그런 기업과 접촉하기 전부터 이미 기분이 상해 있는 상태다. 나처럼 타이어를 갈아야만 하는 상황이 생겨서 동네 정비소의 더럽고 어수선한 대기 공간에 앉아 수리 공구의 찢어지는 소리를 들으면서 즐거움을 느낄 사람이 있으리라고는 상상하기 어렵다. 혹시 운이 좋으면 자판기에서 커피로 위장한 짭짤한 음료를 한 잔 뽑아서 춥고 눅눅한 대기실에서 온기를 유지하는 데 사용할 수 있을지도 모른다.

여러분은 어떤 종류의 사업에 종사하고 있는가? 호감을 주는 사업인가 아니면 불쾌감을 주는 사업인가? 전에는 자기 업종에 대해서 이런 식으로 생각해본 적이 없을지도 모르지만, 고객의 좋은 감정과 에너지를 사업의 발판으로 삼을 수 있는지 아니면 나쁜 첫인상을 불식시키고 고객의 감정 척도를 나쁜 쪽에서 좋은 쪽으로 끌어올릴 수 있는지를 알아봐야 하기 때문에 중요하다. 어떤 유형의 일을 하든, 고객서비스는 정서적 반응이라는 사실을 잊지 말아야 한다.

감정은 일부러 조종하거나 관리하기 힘들기 때문에 숫자로 표현할 수가 없다. 누군가를 얼마나 사랑하는지 표현하기 위해 1부터 10까지의 숫자 중에서 하나를 골라 그 사람의 점수를 매긴다고 생각해보자. 물론 시도할 수야 있겠지만 극단적인 정서적 반응이 뒤따를 것이다. 감정은 예측이 불가능하고 자발적이며 과거가 아닌 현재 벌어지고 있는 일이다. 이런 감정에 미리 대비하고 관리할 수 있는 능력이 결과적으로 서비스의 성공 여부를 결정지을 것이다.

결정적 순간에 고객의 기분을 나쁘게 만드는 원인

- **고객을 환영하지 않는 분위기.** 대기실이나 로비, 상점, 식당처럼 고객이 실제로 체험하는 환경의 분위기일 수도 있고 웹 사이트나 콜센터 관리 시스템에서 풍기는 분위기일 수도 있다. 물리적 환경의 경우에는 단순히 고객의 눈에 보이는 것뿐만 아니라 냄새와 소리, 느낌 등도 영향을 미친다. 여러분의 사업장 환경이 고객에게 우호적이고 편안하며 즐거운 느낌을 주는가? 전체적인 사업 분위기와 잘 맞는가? 예를 들어, 유행의 첨단을 걷는 패션 매장의 경우라면 커다란 음악이 쾅쾅 울리거나 머리를 알록달록한 색으로 물들이고 몸에 피어싱을 한 직원들이 돌아다녀도 괜찮겠지만 치과 대기실에서 그런 모습을 본다고 상상해보라. 가상 환경의 경우라면, 사이트 속도가 빠르고 효율적이며 이해하기 쉽게 구성되어 있는가? 여러분이 고객의 입장이라면 거슬리는 부분이 전혀 없겠는가?
- **고객을 무시하는 태도.** 고객 앞에서 동료들과 잡담을 나누거나 휴대전화 또는 컴퓨터를 들여다보거나 전화를 받는 행동. 상점이나 호텔 직원이 눈앞에 고객이 기다리고 있는데도 불구하고 다른 일을 처리하거나 전화가 왔다고 고객 응대는 내팽개치고 전화를 받는 모습은 정말 이해할 수가 없다. 계속 울리는 전화벨 소리가 성가시다면 고객에게 먼저 양해를 구하고서 전화를 받아야지, 말도 없이 덥석 전화를 받아서 고객으로 하여금 하찮은 취급을 받는다는 느낌을 줘서는 안 된다.
- **고객을 반기지 않는 직원.** 첫 인상이 중요하다는 말은 사실이다. 고객서비

스의 토대와 관련해 제2장에서 살펴본 내용들을 모두 활용해 튼튼한 인연의 끈을 엮고 그것을 유지하기 위해 노력해야 한다.

- **무례한 태도.** 어떤 이유 때문에 고객이 오해를 했을 수도 있고 직원이 그날 유독 기분이 안 좋았을 수도 있지만, 어쨌든 이런 대접을 받은 고객이 여러분을 감정 척도의 좋은 쪽에 올려놓을 가능성은 전혀 없다고 봐야 한다.
- **융통성 없고 경직된 관료주의.** 어떤 사람이 여러분을 도와줄 수 없다는 핑계로 이용 약관을 들먹인다면 기분이 어떨지 생각해보자. 여러분 회사의 이용 약관과 시스템은 고객을 돕기 위한 것인가 아니면 통제하기 위한 것인가? 최대한 융통성을 발휘하고 언제나 고객을 돕기 위해 노력해야 한다. '그게 회사 정책입니다', '제게는 그럴 권한이 없습니다', '제가 해드릴 수 있는 일이 없군요', '그 사람의 이름을 적어놓으셨어야죠', '저희가 할 수 있는 일은 그저 ……뿐입니다' 같은 말은 피해야 한다.
- **변명만 하고 책임은 지지 않는 태도.** 사람을 매우 짜증나게 하는 태도인데, 특히 콜센터에 전화를 걸었을 때 책임지는 사람은 한 명도 없고 계속 전화를 이리저리 돌리기만 할 때 더욱 화가 치민다. 고객을 돕기 위해 자기가 할 수 있는 일은 다 해야 한다. 최근에 한 콜센터에서 직원들을 훈련시키는 업무를 맡은 적이 있는데, 그곳의 고객서비스 담당자가 크루즈와 연결되는 비행기 시간을 문의하는 고객의 전화를 받았다. 그 담당자는 크루즈 예약 업무를 맡은 사람이라 자세한 비행기 시간은 알지 못했

다. 하지만 고객은 이미 여러 부서로 전화가 돌려진 상태라 잔뜩 화가 나 있었기 때문에, 담당자는 자기가 이 문제를 책임지고 해결해야겠다는 생각에 고객을 잠시 기다리게 하고 항공편 담당 부서로 전화를 걸었다. 그리고 마침내 원하던 정보를 얻어 고객에게 전달하자 고객은 크게 안도하는 기색으로 고마움을 표했다. 고객을 돕기 위해 진심으로 노력한 이 담당자 덕분에 불쾌한 감정에 휩싸여 있던 순간이 감동의 순간으로 바뀐 것이다. 그러니 모두들 고객의 요청을 거부하지 말고 책임을 다하자.

- **일이 잘못됐을 때 고객을 탓하는 태도.** 이것도 스스로 책임을 지지 않으려는 태도의 또 다른 본보기다. 고객의 감정을 누그러뜨리기 위해서라도 항상 먼저 사과부터 한 다음에 고객이 겪는 문제를 이해하려고 노력하는 자세를 보여야 한다.
- **약속을 지키지 않는 태도.** 고객에게 뭔가를 약속했다면 반드시 지켜야 하며, 지킬 자신이 없는 약속은 애초에 하지 말아야 한다. 특정 시간에 다시 전화를 걸기로 약속했다면, 딱히 할 말이 없더라도 약속을 지켜야 하는 것이다. 고객의 기대감을 높이는 것은 좋은 일이지만 그 기대를 충족시키지 못하면 감동의 순간이 금세 짜증의 순간으로 변한다.
- **고객의 요구를 무시하는 태도.** 얼마 전에 비행기를 탔는데 실내 에어컨 온도가 너무 낮게 설정되어 있어서 거의 얼어 죽을 지경이었다. 담요도 제공해주지 않아서 할 수 없이 승무원을 불러 너무 춥다고 말했다. 그러자 돌아온 대답은 내 귀를 의심할 정도였다. "네, 객실이 추운 건 저도 압니

다. 다른 승객들도 그렇게 말씀하시더군요. 하지만 오늘은 탑승 정원이 꽉 차서 저희 승무원들이 모든 승객에게 서비스를 제공하려면 정말 힘들게 일해야 하기 때문에, 일하는 승무원들에 맞춰서 시원한 온도를 유지할 수밖에 없네요. 정 추우시면 좌석 위 보관함에 넣어두신 겉옷을 꺼내 입으시면 좀 괜찮지 않을까요?" 이 말을 듣고 바쁜 승무원들에게 약간 연민의 마음이 생기기는 했지만 나는 비싼 돈을 내고 냉동고에 앉아 있는 꼴이 되었다.

- **의사소통이 제대로 이뤄지지 않는 것.** 2009년 크리스마스 기간에 여행을 떠났다가 폭설과 악천후 때문에 고생한 사람들에게서 들은 여러 가지 이야기를 종합해볼 때, 이들의 가장 큰 불만은 연착이나 오랜 대기 시간, 가방 분실, 혹은 완전히 망쳐버린 명절 휴가가 아니라 의사소통 부재와 필요한 정보를 솔직하게 알려주지 않은 점이었다. 비록 나쁜 소식일지라도 고객에게 솔직하게 알려 상황을 있는 그대로 전해야 한다.

Example !!!

디즈니Disney 사에는 일선 직원(배우)들이 3미터 거리 안에 있는 모든 고객(손님)에게 미소 띤 얼굴이나 밝은 표정으로 인사해야 한다는 정책이 있다. 고객을 손님이라고 지칭하는 것만 봐도 이 회사가 긍정적인 필터를 통해 고객을 바라본다는 사실을 알 수 있다. 아래는 디즈니가 이런 정책을 마련한 이유에 대한 설명이다.

일선 직원이 가장 중요하다

고객을 직접 대하는 일선 직원은 곧 회사의 얼굴이다. 따라서 일선 직원

> 들을 체계적으로 관리, 교육, 지원해야 한다. 고객과의 사이에 오가는 모든 직접적인 상호작용이 결정적 순간이 된다. 고객 한 명이 하루에 60명의 배우와 마주친다면 60번의 결정적 순간이 존재하는 셈이다. 그 가운데 59번은 아주 좋았지만 1번이 나빴다면 고객은 장차 어느 쪽을 기억하게 될까? 모든 결정적 순간을 멋진 기억으로 남겨야 한다. 여러분의 회사는 그렇게 평가될 것이다.
>
> – 디즈니 고객서비스 정책

고객서비스 책임자가 기억해야 하는 사항

회사 규모가 크건 작건 간에, 직원들이 즐거운 기분으로 일하지 않는다면 훌륭한 고객서비스를 기대할 수 없다.

– 마틴 올리버Martin Oliver, 퀵핏 파이낸셜 서비스Kwik-Fit Financial Services MD

여러분이 고객서비스 담당자들을 관리하는 입장이라면 그 직원들에게도 감정 척도가 있다는 사실을 알아야 한다. 어떤 이유 때문에 직원들의 감정 척도가 낮은 쪽(나쁜 기분)을 가리키고 있다면 부정적인 회색 필터를 통해서 고객을 바라볼 가능성이 높다. 여러분이 일하는 분야가 호감 업종이든 아니면 불쾌감을 유발하는 업종이든 상관없이, 일선에서 일하는 고객서비스 담당자들은 고객이 느끼는 결정적인 순간에 매우 중대한 영향을 미친다. 직원들의 의욕을 북돋아 감정 척도를 높이는 일에 관심을 기울이면 업무 성과도 높아질 것이다.

전문가의 노트

고객서비스 팀에게 동기 부여

- 얄궂은 일이지만 누구보다 먼저 의욕을 고취해야 할 사람은 바로 관리자다. 관리자의 의욕이 부족하거나 잘못된 색상의 필터를 통해 고객을 바라본다면 고객에 대한 서비스 정신을 존중하는 마음을 잃게 될 것이다. 자사의 고객서비스 정책 및 가치관에 대해 진정한 열정과 신념을 품고 이를 몸소 실천하면서 모든 면에서 직원들에게 모범을 보여야 한다. 여러분 자신이 고객에게 감동의 순간을 선사하는 일에 흥미와 열정을 가지고 있다면 여러분의 직원 또한 마찬가지일 것이다. 여기서 중요한 점은 그 열성적인 태도가 진심에서 우러난 것이어야 한다는 점이다. 억지로 꾸며낸 가짜 열정이라면 직원들이 금세 눈치챌 것이다.
- 의욕적인 전문가를 고용한다. 전문가들의 의욕을 북돋는 것보다는 의욕적인 전문가를 고용하는 쪽이 더 쉽다. 직원을 채용할 때는 지원자의 능력과 경험만 살펴보지 말고 사람과 고객에 대한 태도도 잘 살펴야 한다. 그들은 현재 어떤 색의 필터를 통해 고객을 바라보고 있는가? 여러분의 회사가 현재 훌륭한 고객서비스로 평판이 높은 회사라면, 그런 호감 기업의 일원이 되고 싶어 하는 이들이 많이 찾아올 것이다. 디즈니는 청결에 매우 신경을 쓴다. 그래서 공원 거리와 객실의 청결을 책임질 청소부들을 채용할 때는 청소를 정말 좋아하는 사람들만 뽑는다. 그 결과, 디즈니 놀이공원과 리조트는 얼룩 한 점 없이 깨끗하다.
- 평가와 보상. 팀원들의 점수를 기록하고 있는가? 테니스를 예로 들어보자. 경기

전에 몸을 풀기 위해 선수들끼리 서로 공을 주고받다 보면 금세 지루하고 흥미가 떨어져서 얼른 본 시합을 시작하고 싶어지기 마련이다. 여러분의 팀은 그냥 서로 공을 주고받기만 하는가, 아니면 팀원들끼리 뛰어난 고객서비스를 제공하기 위한 경쟁을 벌이면서 이를 통해 자극을 받는가? 성과를 측정할 방법을 찾아서 팀원들이 이룬 성과에 대해 적절한 보상을 해주자. 팀과 연관성이 있고 최종적인 성과에 영향을 미칠 수 있는 방향으로 진행하는 것이 중요하다. 그래야 팀원들 모두 업무에 새로운 활력을 얻게 된다.

- 팀원들의 업무에 관여하고 그들이 하는 말에 귀를 기울인다. 그들은 최전선에서 일하는 사람들이니만큼 회사 내에서 고객의 감정과 요구를 그들보다 더 정확하게 전해줄 수 있는 사람은 없다. 나는 기업의 고객서비스 부서에 합류해서 감동적인 고객 체험을 만드는 법을 제안해달라는 요청을 받곤 하는데, 이럴 때 내가 가장 먼저 하는 일은 고객서비스 팀원들의 이야기를 듣는 것이다. 이건 정말 당연한 일인데도 이런 과정을 거치는 회사가 거의 없다. 고객서비스 팀 직원들에게서 듣는 정보와 아이디어가 더없이 소중할 뿐 아니라 이를 통해 직원들이 회사에 소속감을 느끼고 의욕도 높아진다.
- 직원들의 가치를 인정하고 성공을 축하해준다. 훌륭한 업무 처리를 제대로 인정하고 성공을 축하할 기회를 찾아보자. 훌륭한 성과와 성공을 거두는 일이 더 늘어날 것이다.
- 팀 지원과 개발. 성미가 까다로운 고객과의 상호작용이나 불만사항 처리 같은 곤란한 상황에 대처할 수 있도록 용기를 북돋아준다. 직원들이 이런 상황을 헤쳐나가면서 경험을 통해 교훈을 얻을 수 있도록 지도하는 것이다. 때로는 고객서비스가 매우 힘든 직종이 될 수도 있다.

고객서비스 전략을 개발하고 실행하는 과정에 직원들을 참여시키는 기업은 언제나 남들보다 큰 성공을 거두고, 그 성공도 더 오래 유지된다. 이런 좋은 느낌이 기업 문화의 일부로 자리 잡고 고객과 직원은 회사와 접촉할 때마다 그것을 느낄 수 있다. 나는 잠재 고객의 사무실에 들러서 교육 현장을 살펴볼 때 그런 느낌을 감지하곤 한다(회사가 어떤 식으로든 고객서비스 교육에 투자한다는 것은 좋은 징조다). 그런 기업 중 하나가 바로 스테나 라인Stena Line(고속 페리 전문 해운업체—옮긴이)으로, 이 회사는 '감동' 문화를 창출하는 방법을 알려주는 좋은 본보기다.

Example!!!

스테나 라인은 우수한 서비스의 질과 제공 방식으로 높은 평판을 얻고 있다. 이 회사는 매년 아일랜드 해 항로를 따라 3백만 명 이상의 승객들을 실어 나르는데, 이는 경쟁 관계에 있는 페리 회사들의 승객 수를 다 합친 것보다 많다. 지난 10여 년 동안 아일랜드 해 항로 한 곳에만 1억 5천만 유로 이상을 투자한 이 회사의 단계적인 투자 프로그램 전략은 고객서비스를 위한 노력과 맞물려 있다.

항로 책임자와 선내 서비스 책임자, 교육 책임자들은 직원들의 말에 귀 기울이면서 그들에게 새로운 영감과 의욕을 불어넣어 기업 문화를 바꿔놓았다.

행복한 직원이 행복한 고객을 만들고 더불어 회사 재정도 풍요로워진다는 이들의 기업 풍조는 간단하면서도 매우 효과적이다.

항로 책임자가 늘 강조하는 것처럼 '커뮤니케이션이 핵심'이며 '직원의 신뢰를 쌓는 일'이 매우 중요하다.

스테나 라인이 회사 조직을 전통적인 페리 회사에서 고객서비스 중심의 조직으로 바꾸기 위한 여정을 처음 시작했을 때, 이 회사 직원들은 스테나의 현재 입지를 파악하고 장차 세계 최고의 기업이 되기 위해서는 어떤 점을 고쳐야 할지 생각해달라는 요청을 받았다. 경영진은 직원들의 말에 귀 기울이고 그들이 내놓은 아이디어에 따라 행동했다.

모든 선박의 직원들은 고객 불만을 처리하기 위해 자기 재량으로 최대 1천 유로까지 사용할 수 있는 권한이 생겼다. 비용을 이 정도까지 쓰는 일은 거의 없었지만, 직원들은 자신의 가치가 높아졌다는 느낌과 함께 필요하다고 판단할 경우 이 돈을 사용할 수 있는 권한이 있다는 확신을 가지게 되었다.

성과 인정도 기업 문화 발전에 크게 기여했다. 성과 인정을 위한 아이디어로는 다음과 같은 것들이 있다.

- 항로 책임자가 자필로 작성한 감사 편지
- 직원의 생일, 결혼 기념일, 가족 행사 기억하기
- '감동' 쿠폰
- '최우수 서비스' 상
- '가치 챔피언Value Champion'

스테나 라인의 사례에서 가장 마음에 드는 부분은 임원진과 관리자부터 일선 팀원들까지 한마음으로 참여하는 모습이다. 이들은 최고경영진의 전폭적인 지지와 협력을 받고 있지만 실제로 주도적으로 전략을 세우고 실행하는 것은 일선 직원들이다. 그 결과 서비스 팀 전체가 권한과 의욕을 가지고 늘 미소 띤 얼굴로 고객을 대하면서 고객이 즐겁고 기억에 남을 만한 경험을 하도록 애쓰는 효과를 얻게 되었다. 이런 노력 덕분에 스테나는 경제가 매우 어려운 시기에도 굳건한 경쟁력을 유지했다. 이 회사가 선박의 고급화와 여행 경비에만 신경을 썼다면 결코 지금 같은 위치에 오르지 못했을 테고, 경제 사정이 나아진 현 상황에서 최대한의 이익을 올리는 것도 불가능했을 것이다.

알맹이만 쏙쏙!

- 고객의 감정 척도와 기분에 항상 주의를 기울여야 한다. 이제 고객 만족을 넘어 고객 경험을 중시하는 경제 체제로 바뀌고 있다는 사실을 명심하자.
- 자기 회사 또는 자기가 일하는 부서의 결정적 순간이 무엇인지 파악한다. 그것을 고객의 눈으로 바라보고 고객의 입장에서 체험하면서 변화가 필요한 부분을 수정한다.
- 처음에는 비판을 받더라도 최대한 많은 결정적 순간을 '감동'의 순간으로 바꿔놓는다. 그러면 고객의 감정 척도가 호감 쪽으로 움직여 여러분의 결점이나 실수를 용서해줄 가능성이 높아진다.
- 고객을 불쾌하게 하는 결정적 순간을 찾아내 이후에는 고객이 그런 일을 겪는 일이 없도록 조치한다.
- 여러분이 일하는 회사는 호감을 주는 기업인가 불쾌감을 주는 기업인가? 현재 제공하는 서비스 수준을 높이기 위해 어떤 노력을 하고 있으며, 고객 경험을 개선하려면 어떻게 해야 할까?
- 고객서비스 팀의 의욕을 높이고 팀원들을 잘 관리해서 고객에게 호감을 주는 기업 문화를 구축하고자 하는 전략 달성에 필요한 열정과 활력, 헌신을 이끌어낸다.

chapter

05

고객의 마음을 읽자: 침묵은 결코 금이 아니다!

고객서비스 업무 담당자들을 납득시키기 가장 어려운 일 가운데 하나가 바로 불평을 늘어놓는 고객이 좋은 고객이라는 사실이다. 업무적으로 보면 수긍할 만한 부분이기는 하지만 기분이 썩 좋지는 않다. 업무에 중요하고 유용한 내용이 담긴 고객의 불평을 긍정적인 색상의 필터를 통해 바라보면 정말 많은 도움을 얻을 수 있다. 고객의 불만을 긍정적인 방향에서 해결해주면 고객의 기분도 좋아질 것이다. 고객으로 하여금 불만을 얘기하도록 장려하고 그 내용을 제대로 처리한 뒤 불만의 원인이 되는 부분을 검토하고 바꿔나가는 확실한 프로세스가 갖춰져 있으면, 고객의 불만이 어느 순간 엄청난 기회이자 가장 중요한 결정적 순간으로 바뀐다.

침묵, 사업을 망치는 치명적인 원인

놀랍게도, 접수되는 고객 불만의 수를 기준으로 자신들의 고객서비스 전략을 평가하는 기업들이 매우 많다. '현재로서는 고객의 불만이 거의 없으니 고객서비스 교육을 실시할 필요가 없다.' 내가 새로운 고객을 만나 예비 조사를 할 때마다 자주 듣는 얘기다. 아니면 '올해 들어 접수된 불만이 대폭 감소해서 정말 기쁘다. 우리의 새로운 고객서비스 방식이 효과를 발휘하는 모양이다'라는 말을 듣기도 한다. 이런 평가 방식을 이용하는 기업들은 자신들이 처한 현 상황을 부정하고 있는 셈이다. 머리를 모래 속에 꽁꽁 묻어둔 채 무소식이 희소식이라고 믿고 싶은 마음은 이해하지만 내 말 잘 듣길 바란다. 고객이 여러분에게 직접 불만을 말하지 않는다는 것은 곧 주변 사람들에게 그 불만을 털어놓거나 여러분 회사를 다시는 이용하지 않을 작정이라는 얘기다. 걱정스러운 점은 여러분 앞에서 바로 불만을 말하지 않은 고객이 인터넷이나 소셜 네트워크 사이트에 자기 생각을 올리는 일이 많아지고 있다는 것이다. 이제 고객은 주변 사람 10여 명에게 투덜거리고 마는 것이 아니라 수천 명이 볼 수 있는 장소에서 자신의 불만을 토로한다.

침묵이 금이 아니라는 사실을 입증하는 통계자료가 무수히 많다.

침묵이 금이 아니라는 사실을 입증하는 통계자료가 무수히 많다. 개중 몇 가지만 살펴보자.

- 전체적인 비율로 볼 때 귀찮음을 무릅쓰고 불만을 제기하는 고객이 1명이라면 침묵을 지키는 고객은 26명이나 된다.
- 조사 결과, 전체 고객의 96퍼센트는 문제가 생겨도 불만을 말하지 않는다. 그냥 해당 업체를 다시는 이용하지 않을 뿐이다. 불만을 느낀 고객 가운데 그 사실을 직접적으로 말하는 사람은 단 4퍼센트뿐이므로, 기업들은 자신들에게 아무런 문제도 없다고 생각하는 실수를 저지르게 된다.
- 해마다 진행되는 '영국 서비스 업계' 조사를 통해 전체 인구의 절반은 불평을 늘어놓느니 차라리 다른 업체를 이용하는 편을 택한다는 사실이 드러났다. 또 이와 비슷한 비율의 사람들이 말하기를, 불만을 얘기하고는 싶지만 그러자면 너무 많은 수고가 들어가기 때문에 그냥 포기한다고 했다.
- 불만을 느낀 고객들은 최소 9명 이상의 사람들에게 그 사실을 알린다.
- 일반적으로 기업의 수익 65퍼센트는 만족한 고객들에게서 나온다.

다시 한 번 강조하지만, 우리는 지금까지와는 다른 필터를 통해서 고객 불만을 바라봐야 한다. 불만을 열악한 서비스의 반영이라고 생각하는 것이 아니라, 고객이 여러분의 회사에 가지고 있는 관심의 반영이자 계속 충성스러운 고객으로 남고자 하는 바람의 표현이라고 보는 편이 훨씬 낫다. 고객의 불만을 고맙게 여겨야 한다. 불만을 털어놓는 고객은 여러 기업들이 컨설턴트나 비밀 감시요원을 고용해서 시도하는 일, 즉 서비스 현황 비평과 향후 사업 수행 방향 결정을 위한 피드백 등의 일을 대신 해주는 사람들이다.

여러분 또는 여러분의 회사는 고객들이 불만을 말하는 것을 환영하고 격려하는 편인가? 피드백이 들어왔을 때 방어적이지 않은 태도로 대처할 수 있는가? 고객에게 피드백을 받을 수 있는 쉽고 간단한 프로세스를 마련해 놓았는가? 고객의 말에 열심히 귀 기울이고 고객이 제기한 문제를 바로잡은 뒤 나중에 감사의 마음을 전하는가? 다음부터 고객이 더 나은 경험을 할 수 있도록 여러분 자신과 회사를 개선할 방안을 찾으려고 하는가? 이 모든 일들을 실행에 옮기지 않는다면 소중한 거래 기회를 놓치게 될 것이다.

고객의 불만 제기를 막는 방법

- 고객이 누구 혹은 어디에 불만을 제기해야 하는지 잘 모르게 만든다.
- 그 누구도 책임을 지려 하지 말고 고객의 전화를 이리저리 계속 돌린다.
- 고객의 불만에 대해 후속 조치를 하지 않거나 일부분만 조치한다.
- 불만을 처리해 주겠다면서 관련 없는 정보부터 묻기 시작한다.
- 불만 처리 담당자의 신체언어와 전체적인 태도를 통해 고객의 불평을 듣고 싶지 않다는 기색을 드러낸다.
- 고객의 말을 귀담아 듣지 않는다.

- 문제가 있다는 사실을 부인하거나 또는 인정하지 않고, 평소에는 문제가 전혀 없었다고 주장한다.
- 엄격한 정책을 고수한다.
- 불만 제기를 감소시키겠다는 목표를 세운다.
- 고객을 탓하면서 방어적인 태도를 취한다.
- 고객을 하염없이 기다리게 하는 전화 시스템을 마련한다.

사실 여러분이 걱정해야 하는 대상은 불평을 하지 않는 고객이다. 일부러 힘들여서 여러분을 대면하거나 편지를 쓰고 싶은 생각이 없는 사람, 혹은 자기가 불만을 느낀 부분에 대해 말할 용기가 없는 사람들 말이다. 이들은 조용히 빠져나가 다시는 모습을 보이지 않으며, 통계적으로 9명 정도의 주변 사람들에게 자신의 불만을 알린다. 따라서 고객이 불만을 제기하도록 적극적으로 유도하고 그 불만을 제대로 처리하기만 하면 고객을 계속 유지할 수 있을 뿐만 아니라 그 고객이 자진해서 여러분의 대변자가 되어줄 테니, 사업을 성장시키기에 이보다 더 좋은 방법이 어디 있겠는가?

고객이 불만을 말하지 않는 이유는 무엇인가

이 질문의 답을 찾기 위한 가장 좋은 출발점은 자기가 가장 최근에 불만을 제기한 것이 언제인지 자문해보는 것이다. 불만을 털어놓자 어떤 일이 벌어졌는가? 그 과정에서 어떤 기분을 느꼈는가? 각 단계를 거칠 때마다 여러분의 감정 척도는 어느 지점을 가리켰고, 최종적으로 느낀 감정은 무엇인가? 지금껏 한 번도 불만을 제기해본 적이 없다면 그 이유는 무엇인가? 불만을 말할 때의 자기 감정이 어땠는지 곰곰이 되돌아보면 고객의 심정을 이해하고 그들이 어떤 기분이었는지 파악하는 데 도움이 된다.

Example!!!

친구 한 명이 12명의 동행과 함께 유명 항공사의 비행기를 탔는데, 10시간 예정의 비행 중에 벌써 6시간이 지났는데도 식사가 나오지 않았다. 자기들끼리는 뭐라고 투덜거렸지만 법석을 떨고 싶지 않다는 생각에 아무도 승무원에게 말을 하지 않았다. 하지만 결국 배고픔에 지친 한 명이 나서서 불만을 제기하기로 했다. 그 사람은 승무원을 불러서 매우 정중한 태도로 말했다. "귀찮게 해서 죄송하지만 언제쯤 식사를 제공해주실 수 있는지 알려주시겠습니까? 벌써 6시간이나 지나서 다들 배가 많이 고프군요." 그러자 승무원은 그를 똑바로 바라보면서 말했다. "아프리카 사람들은 다들 그렇죠!"

정말 믿기 어려운 반응이지만, 이런 식의 대접을 받는다면 고객들이 우리에게 불평이나 비판적인 피드백을 하는 걸 주저하는 것도 당연한 일이다. 우리가 불평을 하지 않는 이유를 몇 가지 살펴보자.

- 우리는 아주 어릴 때부터 불평은 좋지 않은 일이니 그냥 참아 넘겨야 한다고 배웠다.
- 다른 사람이 알아서 불평을 할 테니 굳이 내가 나서서 신경 쓸 필요가 없다고 생각한다.
- 눈에 띄는 것을 싫어하기 때문에 나서지 않는 쪽을 선호한다.
- 남과 맞서거나 충돌을 빚는 것을 두려워한다.
- 과거에 불만을 제기했다가 나쁜 경험을 한 적이 있다.
- 불평을 늘어놓을 시간이 없다.
- 불평한다고 해서 뭔가가 바뀌거나 해결될 것이라고 생각하지 않는다.
- 너무 번거롭다.
- 불평을 하면 내 기분도 나빠진다.
- 사실 어떤 식으로 불만을 제기해야 할지 잘 모른다.

위의 이유 가운데 예전에 불만을 제기한 적이 있는데 별로 만족스러운 결과를 얻지 못했기 때문에 더 이상 불만을 얘기하지 않는다는 내용이 있다. 여러분은 불만을 말할 때 어떤 대응을 예상하는가? 누군가가 내 말을 끈기 있게 들어줄 것 같은가? 변명 없이 솔직하게 사과하고 문제를 해결한 뒤 나중에 고맙다는 인사를 해줄 것 같은가? 아마 아닐 것이다. 우리 모두 자기 말을 진지하게 받아들여 주지 않거나 무시당하거나 불쾌감을 느꼈던 기억이 있다. 불평을 하면 감정 척도가 나쁜 쪽, 불쾌한 쪽으로 향하게 되는 것이 사실이다. 좋은 기분으로 쇼핑을 하다가 갑자기 불만을 제기할 기회가 생겼다면 그냥 좋은 기분을 유지하는 쪽을 택할 가능성이 높다. 당장 문제에 접근해 개인적으로 처리하기보다는 일단 무시한 뒤 나중에 투덜투덜 불평을 늘어놓는 것이다.

고객서비스의 토대에 대해 다룬 제2장에서 행동 성향을 기준으로 구분한 다양한 고객 유형을 살펴봤다. 이 성향이 문제에 접근하는 방식에도 영향을 미친다.

- **빨간색 고객.** 불만을 제기할 가능성이 가장 높은 고객들이다. 이들은 직설적이고 솔직하며 즉석에서 피드백을 해야 한다고 생각한다. 이들은 다른 사람의 감정이 상하는 것을 별로 신경 쓰지 않으며 대개의 경우 남과 맞서는 것도 두려워하지 않는다. 반대로 눈앞의 일에 집중하면서 일이 빨리 마무리되기를 바란다. 불만 처리 과정이 지루하게 길어져서 시간이 너무 오래 걸리면 인내심을 잃고 다시는 돌아오지 않을 것이다.
- **노란색 고객.** 남에게 호감과 인기를 얻는 것을 중요시한다. 불평을 늘어놓는 일을 극도로 싫어하며 불만을 야기한 사람에게 직접 말하는 것은 더더욱 꺼린다. 어떤 식으로든 개인적으로 대면하는 일을 매우 불편해 한다. 현장에서는 아무 말도 하지 않지만 나중에 사람들이 많이 모인 자리에서 그 일을 좋은 이야깃거리로 써먹을 가능성이 높다. 다른 유형의 사람들에 비해 더 많은 사람들에게 그 사건을 알릴 것이다. 만약 이들이

불만을 얘기했다가 기분 나쁜 경험을 하게 되면 다시는 그곳의 고객이 되지 않을 것이다.

- **초록색 고객.** 모든 유형 중에서 다른 사람을 기쁘게 하는 일에 가장 신경을 쓰는 사람이다. 이들은 모든 대상과 사람에게서 가장 좋은 면을 보려고 한다. 아마 어떤 기업에 기분 상하는 일이 있었더라도 공정한 태도를 취하기 위해 두 번, 세 번 다시 찾을지도 모른다. 결코 불평하는 일은 없지만 같은 일이 되풀이되면 결국 낙심해 포기하고 만다. 불만사항을 알려달라는 권유를 받고 이를 통해 기분 좋은 결과를 얻는다면 평생 고객이 될 사람들이다.
- **파란색 고객.** 이들은 불만을 얘기하는 데는 주저하지 않지만 문제는 그 불만을 전하는 방식이다. 그 일을 사적인 방식으로 처리하지 않고 모든 사실 관계를 고려해서 명확하고 객관적인 피드백을 하고 싶어 한다. 피드백을 작성해서 보내는 데 걸린 시간과 수고를 제대로 인정해주지 않으면 이후 피드백을 단념할 가능성이 가장 높다. 자신의 의견을 진지하게 받아들였다는 것을 알고 싶어 한다.

불만 표출을 유도하는 비결

간단한 일처럼 보이지만, 고객들이 불만을 말하면서도 감정 척도상으로는 좋은 기분을 유지하도록 하는 것이 비법이다. 그 방법은 매우 다양하므로 고객의 행동 유형에 따라 다른 방법을 이용할 수 있다. 몇 가지 방법을 소개하겠다.

손쉽게 불만을 털어놓을 수 있게 하라

고객이 느끼는 불만에 대해 자세히 알고 싶다면, 고객이 본인의 성격 유형에 가장 적합한 방법을 통해 손쉽게 의견을 밝힐 수 있게 해줘야 한다. 이 책을 쓰면서 1주일 정도 헬스클럽에 있는 카페에 다녔는데, 얄궂게도 그 카페에서 내가 지금껏 경험해본 가운데 최악의 서비스를 받았다. 그리고 내가 느낀 불만을 전하기가 너무나도 어렵다는 사실에 깜짝 놀랐다. 덕분에 한바탕 소동이 벌어졌지만 직원들 중 아무도 고객의 불만을 처리하는 법을 모르는 것 같아, 결국 다음주부터 다른 유명 커피숍에 가서 일을 하기로 했다. 헬스클럽에 있는 카페 직원들은 고객의 피드백을 받아들여 충성도를 유지하는 법에 대해 알지 못했다. 고충을 털어놓을 수 있는 손쉬운 경로를 마련해놓지 않으면 고객은 첫 번째 장애물에서 걸려 넘어지고 만다. 더불어, 고객이 불만을 얘기하기로 결심했는데 문제를 토로하는 과정에서 계속 장애물을 만난다면 점점 더 화가 나서 결국 감정 척도가 극도의 불쾌감 쪽으로 치닫게 될 것이다. 고객이 여러분의 조직을 향한 우려나 분노, 두려움, 걱정, 의문, 불만을 쏟아낼 수 있는 통로를 필요한 때에 손쉽게 찾지 못하면 처음에는 사소한 문제로 시작됐던 일이 훨씬 큰 문제로 발전할 수 있다.

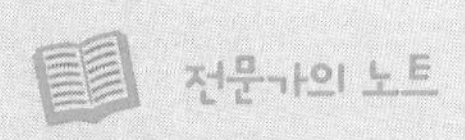

고객이 손쉽게 불만을 제기할 수 있게 하려면

- 고객이 어떤 식으로 불만을 토로하든 기꺼이 받아들인다. 방어적인 태도로 대하거나 고객에게 비난의 화살을 돌려서는 안 된다.
- 고객의 불만을 진지하게 받아들이고 신속하게 처리해서 고객이 중요한 인물로 대우받고 있다고 느끼게 한다.
- 고객을 혼란스럽게 하는 복잡한 프로세스를 고수해서는 안 된다. 불만 제기 과정을 간편하게 만들자.
- 고객의 불만을 개인적인 선에서 처리한다. 불만 내용이 웹 사이트를 통해 접수되었다고 하더라도 그것을 인정하고 사과하는 일은 가급적 개인적인 선에서 끝나야 한다.
- 다양한 성격 유형에 맞춰서 직접적인 불만 제기나 피드백 카드, 이메일 등 고객이 불만을 토로할 수 있는 몇 가지 옵션을 마련한다. 영국 고객서비스협회UKCSI의 조사에 따르면 전체 고객의 46퍼센트는 전화, 18퍼센트는 이메일을 이용한 불만 제기 방식을 선호했다.
- 고객 불만/정보 처리 부서를 고객 눈에 안 띄는 곳에 숨겨놔서는 안 된다. 대규모 소매업체 중에 이런 곳이 얼마나 많은지 모른다. 영국 고객서비스협회가 조사한 바에 의하면, 고객 가운데 29퍼센트는 불만이 있어도 그것을 어떻게, 혹은 누구에게 말해야 하는지 모른다고 한다.
- 책임을 진다. 가능한 경우, 고객의 불만을 직접 처리한다. 고객들은 다시 전화를 걸겠다거나 담당자와 얘기해보라고 하는 것을 싫어한다. 이런 식으로 말하면 고객이 이미 느끼고 있는 불쾌한 기분만 악화시킬 뿐이다.
- 고객이 불만을 제기할 수 있는 방법을 널리 알리고, 불만이 있으면 솔직히 말하도록 권하고, 고객의 피드백에 따라 필요한 조치를 취한다.

불만을 털어놓은 것에 감사를 표하라

우리가 항상 고객의 말을 귀 기울여 경청하고 있고 그들의 의견을 진지하게 받아들인다는 사실을 알려야 한다. 이제 우리는 불만을 건설적으로 받아들이며, 불만을 얘기하는 고객은 우리를 돕고 싶어 하는 충성스러운 고객이라는 사실을 알고 있다. 따라서 불만 제기에 감사하고 그 노고를 인정해 적절한 보상을 해주는 것이 당연한 수순이다. 그냥 '감사하다'는 인사를 전하는 것부터 특정한 보상 계획을 마련하는 것까지 그 방법은 다양하다. 항공사들의 경우 피드백 설문지를 작성해주는 고객에게 무료 여행권 추첨 기회를 주는 곳이 많다.

다음 사례의 핵심은 이때 내가 느낀 기분이다. 감정 척도를 통해 살펴보면 이런 상황에 직면해야 한다는 생각에 두려움과 불편함을 느끼다가, 식당 측의 감사 인사를 듣고는 내 의견을 소중히 해준다는 생각에 결국 적극적으로 홍보까지 하게 된 것이다.

Example!!!

최근에 말레이시아로 출장을 다녀오던 길에 고객의 불만에 감사를 표시하는 훌륭한 사례를 목격했다. 괜찮은 식당을 찾으려고 온 도시를 돌아다니던 끝에 내부가 아름답게 장식된 식당을 발견한 우리 일행은 정말 기뻤다. 하지만 주문한 음식을 맛본 나는 기분이 별로 좋지 않았다. 너무 짜서 먹을 수가 없었던 것이다. 하지만 시간이 늦었기 때문에 아무 말 하지 않고 그냥 일어서려고 했다. 더 필요한 게 없는지 알아보러 온 웨이터가 내가 음식에 손도 대지 않은 것을 알아차렸다. 그는 매우 염려하는 태도로 혹시 무슨 문제라도 있느냐고 물었다. 전형적인 영국 사람인 나는 불평을 늘어놓는 걸 좋아하지 않지만, 이렇게 직접적으로 물으니 음식에 손을 대지 않은 이유를 설명할 수 밖에 없었다. 웨이터는 몹시 걱정하는 표정을 짓더니 내가 괜찮다고, 다른 음식으로 바꿔주거나 하지 않아도 된다고 말했음에도 불구하고 몇 분 뒤 지배인과 함께 다시 돌아왔다. 지배인은 이 식당이 개업한 지 얼마 안 된 터라 현재 여러 가지 잘못된 점들을 바로잡으려고 노력 중인데 내가 이런 피드백을 해줘서 정말 고맙다고 말했다. 지배인은 내 얘기를 주방장에게 전했다고 하면서 다음에 그 요리를 만들 때는 반드시 양념 세기를 조절할 것이라고 단언했다.

고객의 불만 제기에 이런 태도를 보인 것만으로도 기분이 훨씬 나아져서 감정 척도가 바로 상승 곡선을 그렸는데, 이번에는 웨이터가 메뉴에 있는 모든 디저트 종류를 골고루 담은 접시를 들고 오는 게 아닌가. 그는 우리의 피드백에 정말 감사하는 마음으로 '가게에서 드리는 서비스'라고 설명했다. 디저트는 맛있었고 일행들은 기뻐했다. 호텔로 돌아간 우리는 만나는 이들 모두에게 그 식당을 추천했다.

주도적으로 행동하라

고객이 스스로 불만을 털어놔 주기를 바란다면, 사후 대처만 잘한다고 되는 것이 아니라 주도적으로 나서야 한다. 고객 불만을 처리하는 일은 대부분의 기업들이 하지만 먼저 나서서 찾으려고 하는 경우는 없다. 불만을 느낀 고객들이 사업에 크나큰 악영향을 미칠 수도 있다. 사업에 성공하고 싶다면 불만을 느낀 고객을

> 사업에 성공하고 싶다면 불만을 느낀 고객을 모두 찾아내 불만 사항을 잘 처리해야 한다.

모두 찾아내 불만 사항을 잘 처리해야 한다. 숨겨진 불만 하나를 찾아낼 때마다 성공 잠재력이 높아진다. 불만에 사후 대응하는 것보다는 미리 물어보는 편이 당연히 더 나은데, 다만 이것은 자기가 겪은 문제를 기꺼이 털어놓고자 하는 고객의 경우에만 해당된다.

전문가의 노트

불만 사항을 물어보는 방법

- 장기 고객과 거래하는 경우에는 프로젝트를 마무리한 뒤에 잠시 만나자고 요청한다. 이 자리에서 상대 회사와 일할 수 있어서 매우 기쁘고 우리 회사는 가급적 최고의 고객서비스를 제공하려고 노력하고 있다고 말하면서 다음과 같은 질문을 던진다.
  - 우리와 일한 소감이 어떤가?
  - 우리가 개선해야 할 부분은 무엇일까?
  - 그쪽이 우리 입장이라면 어떤 식으로 일했겠는가?
- 피드백을 구하고자 할 때 '모든 부분에 만족하셨습니까?' 같은 질문으로는 유용한 정보를 얻을 수 없다. 예를 들어, 우리가 식당에서 이런 식의 질문을 받는다면 거의 대부분 '네, 괜찮았어요'라고 대답할 것이다. 실은 문제가 있었던 경우에도 말이다. 따라서 불만사항을 구체적으로 물어야 한다. '저희는 고객님들의 의견을 소중히 여깁니다. 고객님이 보다 만족스러운 경험을 하시려면 저희가 어떻게 해야 할까요?'라고 물은 뒤 잠시 침묵을 지킨다. 이런 식으로 물으면 고객이 잠시 생각한 뒤 대답해줄 것이다. 물론 고객이 말할 때는 최대한 집중해서 들어야 한다.

- 뭔가 잘못된 점을 발견했을 때 못 본 체하고 지나가서는 안 된다. 그것을 고객의 충성도를 높이고 피드백을 얻을 수 있는 좋은 기회로 여기자. 말레이시아의 식당에서 만난 웨이터를 예로 들자면, 만약 그가 아무 말 없이 내 접시를 치우기만 했다면 그때의 일은 계속해서 나쁜 기억으로 남아 있을 것이다.
- 의견 카드. 고객에게 '저희가 제공한 서비스에 만족하셨습니까?' '저희가 완벽한 서비스를 제공하려면 어떻게 해야 할까요?' '현재 제공되지 않는 서비스 중에 원하는 서비스가 있으십니까?' 같은 기본적인 질문에 답할 수 있는 반 페이지 정도 분량의 간단한 의견 카드를 제공한다. 이번에도 이 카드를 고객에게 직접 건네주고 작성을 부탁하면서, 여러분이 훌륭한 서비스를 제공하는 데 있어서 고객의 의견이 얼마나 중요한지 설명한다. 내 고객사 중 하나인 스테나 라인의 경우에는 직원들이 카드를 가지고 다니면서 고객에게 작성을 부탁하고, 고객이 작성하는 동안 옆에서 대기하고 있도록 한다. 이때 직원들은 사탕과 초콜릿이 든 커다란 주머니도 같이 들고 다니는데, 이를 통해 여행이 끝나갈 무렵에 고객과 소통하면서 진정한 피드백을 얻을 수 있는 기회가 생긴다.
- 우편/이메일을 통한 설문조사. 여러분은 설문지 작성을 싫어할지도 모르지만 그렇지 않은 사람들도 많다. 이들은 기꺼이 설문지를 작성해주며 특히 그 보답으로 뭔가를 얻을 수 있는 경우 더 열심히 작성한다. 설문지를 작성해서 회사로 다시 보내주면 할인 혜택이나 경품을 주겠다고 약속하자.
- 전화 조사. 단순히 입에 발린 칭찬이 아니라 비판적인 피드백을 원하는 경우, 앞서 얘기한 것과 같은 태도로 전화 조사를 실시하면 매우 유용한 정보를 얻을 수 있다.
- 고객 행사. 사업 유형에 따라 다르겠지만 점심 식사나 저녁 식사, 세미나, 다양한 종류의 기업 접대 등 고객과 접촉할 수 있는 방법을 찾아보자.
- 온라인 커뮤니티. 자유게시판, 메시지 룸, 이메일 토론 등 고객들이 자기 의견을 얘기할 수 있는 공간을 마련하고 정기적으로 모니터한다.

- 포커스 그룹focus group. 이것은 여러분의 사업 성공에 고객들을 참여시키는 정말 좋은 방법이다. 포커스 그룹을 통해 번뜩이는 아이디어가 나오기도 하고 고객과 좋은 관계를 구축하고 정직한 피드백을 얻을 수도 있다. 참여해준 고객에게 적절한 보상을 해주면 고객은 자신이 중요한 인물이고 그 가치를 인정받고 있다고 여기게 된다.
- 일선 직원. 여러분이 관리자라면 직원들의 말에 귀를 기울이자. 일선 직원들은 고객의 불만을 직접 처리하기 때문에 여러분에게 귀중한 정보를 제공해줄 수 있다. 또 이 과정에서 직원들의 의욕이 높아지고 중요한 권한이 생겼다는 느낌도 갖게 된다.

불만을 소중히 여기자

앞서도 말했다시피, 우리가 불만을 얘기하지 않는 한 가지 이유는 말해봤자 아무것도 바뀌지 않을 것이라고 생각하기 때문이다. 회사가 단순히 피드백을 반기기만 하는 것이 아니라 그것을 바탕으로 변화를 꾀한다는 사실을 고객이 느낄 수 있다면, 수고를 무릅쓰고 불만을 제기한 고객에게 최고의 보상이 되지 않겠는가? 가장 좋은 시나리오는 고객이 일선 직원에게 피드백을 하면 일선 직원이 그 내용을 관리자/경영진에게 전달하고, 여기서 엄선된 내용을 개선된/훌륭한 서비스의 형태로 기업 문화에 정착시키는 것이다. 이 정책을 고객과 공유할 방법이 있다면 고객의 불만 제기를 유도하기에 더없이 좋은 방법이 될 것이다. 그리고 고객은 보다 나은 서비스를 받고 회

> 우리가 불만을 얘기하지 않는 이유는 말해봤자 아무것도 바뀌지 않을 것이라고 생각하기 때문이다.

전문가의 노트

여러분이 관리자나 경영자의 입장이라면 밖으로 나가 서비스가 제공되는 지점에서 직접 고객들을 관찰해보자. 실제 고객의 모습을 보면서 그들의 이야기를 듣거나 함께 대화를 나누는 것이다. 그리고 여기서 얻은 정보를 활용해 회사를 한층 발전시킬 수 있는 서비스 회복 정책을 수립한다.

사와의 관계를 통해 만족감을 느낄 수 있다는 보상을 얻게 된다.

여러분의 회사는 그림 5.1의 매트릭스에서 어느 위치에 있는가? 그 위치를 오른쪽 상단의 사분면으로 이동시키기 위해 어떤 조치를 취할 수 있는가?

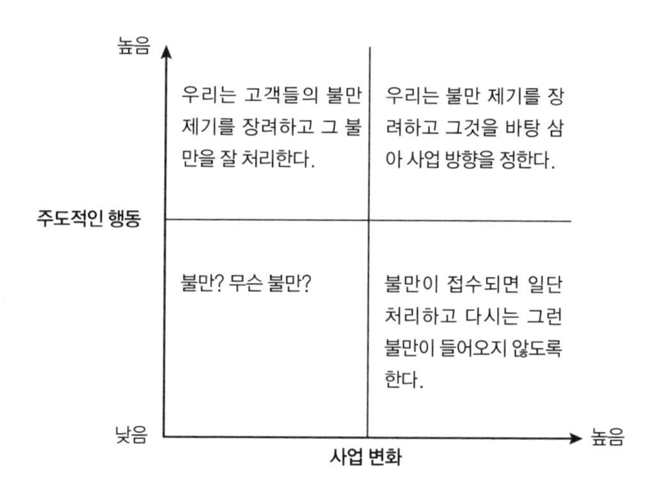

그림 5.1 · 서비스 회복 매트릭스

전문 불평꾼

고객의 불만을 더없이 건설적인 방향에서 바라보려고 하다 보면 간혹 끊임없이 불평을 하고, 하고 또 하는 고객의 모습이 보이기도 한다. 이들은 전문적인 불평꾼으로, 여러분이 어떤 조치를 취하든 상관없이 결코 만족할 줄을 모른다. 사실 이들이 원하는 것은 만족스러운 서비스가 아니기 때문에 다른 고객을 비롯해 모든 사람을 짜증나게 만든다. 이런 사

전문가의 노트

전문 불평꾼에 대처하는 방법

- 무엇보다 먼저, 전문적인 불평꾼이 그렇게 많지는 않다는 사실을 인정한다. 이들 때문에 고객이 제기한 모든 불만사항을 이들을 볼 때와 동일한 필터를 통해 바라봐서는 안 된다.
- 전문 불평꾼을 다른 고객들과 격리시키고, 가능한 경우에는 회사와도 격리시킨다.
- 폭력적인 행동을 절대 용납하지 말고, 이런 행동을 하는 사람과는 아예 상대하지 말아야 한다.
- 한 유명 식당 체인의 경우 고객의 불만 제기를 세 번까지만 인정하는 정책을 가지고 있다. 그 선을 넘어서는 고객에게는 정중한 태도로 매우 죄송하지만 고객의 기대에 부응할 수 없으니 다른 식당으로 가는 게 좋겠다고 말한다. 다시 말해 그들을 경쟁사로 넘기는 것이다.
- 마지막으로 무엇보다 중요한 점은 이 고객들이 정말 원하는 것을 내줘서는 안 된다는 것이다. 그건 바로 여러분의 소중한 시간과 관심이다.

람들을 붙잡고 너무 많은 시간을 허비하면 건설적인 서비스 회복 시스템을 실행에 옮기거나 다른 고객을 응대할 시간이 줄어든다.

많은 불만 = 많은 거래

여러분이 고객서비스 책임자이거나 기업 경영자라면 서비스 회복 프로세스를 실행해야 하는 다음과 같은 이유를 명심하자.

- 한 조사에 따르면 새로운 고객을 유치하기 위해서는 기존 고객을 유지하는 것보다 비용이 5배나 더 든다고 한다. 새 고객을 끌어들이려다 보면 힘도 많이 들고 주변에 안 좋은 소문도 날 수 있다. 현재의 고객을 그대로 유지하는 건 표면상 별로 흥미로운 일이 아니라고 생각되겠지만 사업을 성장시키고 싶다면 꼭 필요한 일이다.
- 고객의 불만을 성공적으로 해결하면 고객 충성도가 높아지고 가장 중요한 결정적 순간이 찾아온다. 긍정적인 결과에 감동한 고객이 여러분의 기업을 추천할 확률이 높아지는 것이다.
- 탁월한 서비스 회복 정책을 통해 회사의 인기와 평판이 높아진다. 이런 정책을 마련해두지 않으면 언제 어떻게 평판이 손상될지 모른다.
- 사실 고객이 제품이나 서비스를 구매할 때는 늘 위험이 뒤따른다. 이때 고객이 불만스러운 경험을 해도 그것이 잘 처리되면 여러분에게서 다시

제품이나 서비스를 구입할 때의 위험성이 감소한다. 환불 보증을 약속하고 지키는 기업들은 안전하다는 느낌을 주기 때문에 고객이 쉽게 구매 결정을 내리게 된다. 구매와 관련된 감정 척도에서는 마음의 평화가 매우 중요하다.

- 불만을 처리하는 데는 비용이 소요된다. 고객의 말에 귀 기울이면서 그들의 피드백을 이용해 문제점을 없애고 업무 과정을 개선하면 불만도 차차 줄어들어 결국 돈을 절약하게 된다.
- 불평을 늘어놓는 고객은 고객서비스 담당자들의 업무 의욕을 꺾는 경우가 많다. 하지만 이런 고객을 선물로 여기면서 긍정적인 시선으로 바라보고 이들의 불만에 보다 효과적으로 대처하는 방법을 배운다면 전보다 훨씬 긍정적인 태도를 취하게 된다. 그 결과 사업에도 좋은 영향을 미치고 직원 유지율도 높아져 비용이 절감된다.

이 장에서는 고객의 불만을 환영하고 불만에 대처하는 우리의 태도를 바꾸는 일에 대해서 얘기했다. 고객이 제기한 불만을 제대로 처리하지 못하면 매우 부정적인 결과를 낳을 수도 있다. 다음 장에서는 모든 종류의 불만에 적절하게 대처해 서비스 회복 프로세스를 완성하는 가장 좋은 방법이 무엇인지 살펴보자.

고객서비스가 제대로 이루어지지 않는 영업 활동은 구멍이 숭숭 뚫린 주머니에 돈을 쑤셔 넣는 것과도 같다.

– 데이비드 투먼David Tooman

알맹이만 쏙쏙!

- 고객의 불만 제기가 적은 것을 좋은 신호로 여겨서는 안 된다. 이것을 기준 삼아 고객 만족도를 측정하는 것은 불가능하다.
- 고객의 불만을 선물로 여기자. 이를 통해 고객 충성도가 높아지고 귀중한 피드백을 얻게 되며 거래 기회도 늘어날 수 있다.
- 고객이 불만을 말하지 않는 이유를 알면 그들의 감정과 기분을 이해할 수 있는 소중한 통찰력을 얻게 된다. 고객의 성격 유형을 고려하고 대처 과정에서 융통성을 발휘한다.
- 불만을 쉽게 말할 수 있는 분위기를 조성한다.
- 불만을 솔직하게 말해주는 고객에게 진심으로 감사한다. 그들은 여러분과 여러분의 회사를 돕고자 하는 것이다.
- 주도적으로 미리 행동하자. 고객의 피드백을 유도하고 적극적으로 요청해야 한다. 고객이 자신의 속마음을 솔직하게 털어놓을 수 있는 방법을 찾아보자.
- 고객의 피드백에 따라 필요한 조치를 취하고, 고객이 여러분과 여러분 회사의 업무 방식을 결정하는 데 도움을 줬다는 사실을 알리자.
- 전문 불평꾼을 잘 통제하고 필요한 경우 담당 직원을 지원한다.
- '불만 = 거래'라는 사실을 명심하자.

chapter

06

불만 처리 방법

고객의 불만을 단순히 환영하기만 하는 것이 아니라 적극적으로 유도하는 정책을 세웠다면, 그 불만을 처리하는 일에도 전문가가 되어야 불만의 순간을 '감동'의 순간으로 바꿔 고객 충성도를 높이는 기회로 활용할 수 있다. 우리는 이제 대부분의 고객은 여러 가지 이유 때문에 불만을 아예 제기하지 않는다는 사실을 알고 있다. 불만을 얘기한다는 것 자체가 썩 기분 좋은 일이 아니기 때문에 감정 척도가 나쁜 쪽으로 기우는 것이다. 여러분이 고객의 입장이 되어 생각해보자. 먼저, 여러분이 불만을 느낀다는 것은 뭔가에 만족하지 못했다는 뜻이다. 이때 여러분의 기분은 약간 짜증이 난 정도일 수도 있고 극도로 분노한 상태일 수도 있는데, 불만을 말해봤자 감정만 더 상하

여러분이 고객의 입장이 되어 생각해보자.

게 된다. 온갖 혼란스러운 감정에 당혹감과 심지어 두려움까지 더해지는 것이다. 그리고 이런 감정을 꾹 억누르고 불만을 털어놓으면 직원의 무관심과 비난, 불신, 그리고 무례한 태도를 접하게 된다. 나는 이런 경우에 고객이 느끼는 감정을 다 기록할 수 있을 만큼 긴 감정 척도가 있을지 의문이다.

사업상의 관점에서 보면, 기분이 나쁘거나 화난 고객을 상대할 때 직원들이 느끼는 기분도 염두에 둬야 한다. 이때 우리는 어떤 필터를 통해 고객을 바라보는가? 이것은 그 순간 고객을 대하는 태도에 큰 영향을 미칠 수 있다. 어떤 이유 때문에 기분이 안 좋은 상태에서 불만을 제기하는 고객을 만난다면 인내심을 잃거나 짜증이 날 수도 있다.

이 장에서는 여러분이 자신의 행동과 반응 행태를 확실하게 인지할 수 있도록 이런 상황에서 여러분이 보이는 모습과 반응을 살펴보자. 나는 교육 워크숍을 진행할 때마다 참가한 고객서비스 담당 직원들에게 자신의 기본 태도, 즉 외부에서 압력을 받을 때 어떤 기분을 느끼는지 알아둬야 한다고 강조한다. 아무리 친절하고 이성적인 사람이라도 심하게 화를 내는 고객을 만나면 특정한 신체적 반응이 나타나기 때문에, 가장 긍정적인 태도로 고객을 응대하기 위한 올바른 마음가짐을 갖추려면 미리 이에 대처하는 전략을 세워두는 것이 중요하다.

우선 고객이 기분 나빠하거나 화를 내는 가장 까다로운 상황부터 시작해보자. 이런 상황은 모든 종류의 불만에 대처하는 좋은 토대가 되어줄 것이다. 고객이 불만을 말하는 것, 그리고 자기 기분이 어떤지 얘기하는 화난 고객의 말에 귀 기울이는 것이 얼마나 중요한지 거듭 명심하려면 다음의 통계를 기억해둬야 한다. 그러면 모든 상황을 긍정적인 필터를 통해 바라보게 될 것이다.

- 불만을 제기하는 고객 가운데 70퍼센트는 불만이 자신에게 유리한 방향으로 해결되기만 하면 여러분의 회사와 다시 거래할 것이다.
- 불만을 제기하는 고객 가운데 95퍼센트는 직원이 불만을 즉시 해결해주면 여러분의 회사와 다시 거래할 것이다.
- 고객 이탈을 줄이면 수익이 25~85퍼센트나 증가할 수 있다. 그러나 전체 사례 가운데 73퍼센트의 경우, 조직이 불만을 느낀 고객의 이탈을 막기 위한 설득 시도를 전혀 하지 않았다. 간단한 사과만 했어도 경쟁사로 옮겨가는 것을 막을 수 있었을 것이라고 말하는 고객이 35퍼센트나 되는데도 말이다.

격노한 고객의 불만을 해결하는 방법

이 문제부터 시작하자.

불만 처리 전문가가 되려면 제2장에서 살펴본 대인관계 기술을 모두 갖춰야만 한다. 이 기술들이 여러분의 가장 소중한 도구가 되며, 평소보다 까다로운 상황에 대처할 때 특히 중요한 역할을 한다. 문제는 이런 상황에서 당황하거나 화가 나면 우리가 해야 할 일들이 세상에서 가장 어려운 일이 되어 버린다는 것이다. 고객의 말에 귀 기울이지 않고 중간에 끼어들어 말을 끊고, 상대의 기분에 공감하기는커녕 비난을 퍼붓게 될 수도 있다. 하지만 고객이 아무리 공격적으로 행동하더라도 우리는 단호한 태도를 계속 유지해야 한다.

단호한 행동이란

단호한 행동*과 공격적인 행동**을 혼동하는 경우가 종종 있지만, 앞선 정의를 보면 이 둘이 매우 다르다는 것을 알 수 있다. 여기서 핵심 요소는 다른 사람의 권리와 요구를 이해하는 능력인데, 누군가의 공격적인 행동을 진정시켜야 하는 상황이라면 확실히 이치에 맞는 일이다. 하지만 이것이 어려운 이유는 우리의 평소 행동이 투쟁/도주 반응fight or flight response을 일으키는 수동적인 행동*** 또는 공격적인 행동 둘 중 하나이기

---

* **단호한 행동**
타인의 개인적인 권리와 요구를 존중하는 동시에 자신의 권리와 요구도 합리적이고 책임감 있게 지키는 태도.

** **공격적인 행동**
자신의 권리와 요구를 타인의 권리와 요구보다 우선시하는 태도.

*** **수동적인 행동**
타인의 권리와 요구가 자신의 권리와 요구보다 우선시되어도 받아들이는 태도.

때문이다. 선조들은 생존을 위해 이런 반응 능력이 필요했다. 초원을 걷고 있는데 갑자기 거대한 털북숭이 매머드가 자신을 향해 돌진한다면, 달아나 숨거나(도주/수동적) 그 자리에 버티고 서서 싸우는(투쟁/공격적) 수밖에 없다. 돌진하는 매머드의 말에 귀를 기울이거나 설득하려고 시도하는 일은 결코 없을 것이다. 그런데 맞서 싸울 털북숭이 매머드가 없는 현대 세계에 사는 우리들도 이런 반응을 경험한다. 화를 내거나 공격적인 태도를 보이는 고객을 상대해야 하는 상황에 처하면, 우리 몸이 스트레스를 받아 이에 반응을 보인다. 이 말은 위협에 대해 긴박한 반응을 보이도록 신체가 미리 대비한다는 뜻이다. 그 결과 아드레날린 분비가 증가하고 증가된 아드레날린은 뇌 앞부분으로 모인다. 우리 몸은 맞서 싸우거나 살기 위해 도망칠 때 필요한 극도의 신체적 노력에 대비한다. 실제로 싸우거나 도망칠 필요가 없다 하더라도 아드레날린 때문에 기분이 매우 불편해지고 행동에도 여러 가지 영향이 미친다.

투쟁/도주 반응: 내게 어떤 일이 생기나

- 체온이 상승하고 얼굴에 홍조를 띠며 땀이 나기도 한다.
- 숨이 가빠진다.
- 심장 박동이 빨라져 심하게 두근거린다.
- 근육이 긴장되고 떨린다.
- 불안하고 조바심이 난다.

- 침을 자꾸 삼킨다.

이런 반응은 위기에 처해 있다는 본능적인 판단 때문에 생기는 것으로서, 투쟁/도주 반응에는 행동이 수반되기 때문에 그에 대비하는 것이다. 따라서 이런 상황에서는 평소보다 충동적으로 행동하게 된다. 생각이 정신없이 꼬리를 물고 이어지다가 결국 나중에 후회할 것이 뻔한 공격적인 행동을 하거나 한 걸음 물러나 그 어떤 일도 책임지려 하지 않는 것이다. 대체적으로 화가 난 고객을 대할 때는 이런 태도들이 모두 도움이 되지 않는다. 물론 이때 고객도 우리와 똑같은 반응에 따라서 행동하기 때문에, 이를 통해 우리 자신의 행동은 억제하면서 화난 고객을 상대하는 방법과 관련된 몇 가지 단서를 얻을 수 있다.

여러분의 기본 태도는 무엇인가

이런 신체적 반응의 영향을 최소화하는 방법을 알아보기 전에 먼저 자기가 공격적인 태도를 취할 가능성이 높은지 아니면 수동적인 태도를 취할 가능성이 높은지 알아두는 것이 좋다. 그러면 자기가 하는 행동을 의식하고 잘못된 행동을 막을 수 있는 전략을 취하는 데 도움이 될 것이다.

다음의 질문에 솔직하게 답하면 가장 가능성 높은 반응을 알아낼 수 있다.

자기가 직장에서 보이는 행동에 대해 생각해본 뒤 본인의 특징을 가장 잘 나타내는 점수에 동그라미 표시를 한다.

4 = 항상 그렇다.	3 = 자주 그렇다.
2 = 가끔 그렇다.	1 = 전혀 그렇지 않다.

여기에는 정답도 오답도 없으니 솔직하게 답해야 한다.

1. 상황이 만족스럽지 않으면 다른 사람들에게 내 감정을 슬쩍 암시한다. 4 3 2 1

2. 내가 얘기하고 있는 상대방이 내 말에 귀를 기울이지 않는다는 사실을 깨달으면 말을 멈춘다. 4 3 2 1

3. 어떤 일을 하는 법을 잘 모를 때는 도움을 요청하는 것이 마음이 편하다. 4 3 2 1

4. 누군가가 내 말에 동의하지 않으면 내 주장을 밀고 나가기 위해 목소리를 높인다. 4 3 2 1

5. 누가 나를 칭찬하면 쑥스럽다. 4 3 2 1

6. 상사의 의견에 동의하지 않을 때는 상대방에게 그 사실을 알린다. 4 3 2 1

7. 상황을 통제하는 것을 좋아한다. 4 3 2 1

8. 누군가가 나를 이용하면 그 사람에게 보복할 방법을 찾는다. 4 3 2 1

9. 누군가의 의견에 동의하지 않을 때는 침묵으로 내 뜻을 전한다. 4 3 2 1

10. 다른 사람에게 도움을 청해야 하는 상황이 되면 죄책감을 느낀다. 4 3 2 1

11. 상황이 괜찮을 때는 다른 사람들에게 솔식하고 직접적인 방식으로 내 의견을 표현한다. 4 3 2 1

12. 일이 내 뜻대로 되지 않으면 크고 강한 어조로 불만을 말한다. 4 3 2 1

13. 내게 주어진 업무가 마음에 들지 않으면 시간을 질질 끌면서 일을 지연시킨다. 4 3 2 1

14. 내게 유리한 일이 아니라도 다수의 결정에 따르는 편이다. 4 3 2 1

이제 다음 문항의 내용에 어느 정도나 동의하는지 점수를 매겨보자.

4 = 전적으로 동의한다.	3 = 약간 동의한다.
2 = 약간 동의하지 않는다.	1 = 전적으로 동의하지 않는다.

15. 내 입장/주장을 자신 있게 표현한다. 4 3 2 1

16. 내 솔직한 의견이 다른 사람의 감정을 상하게 할 것 같다고 생각되면 그것을 얘기하지 않는다. 4 3 2 1

17. '평지풍파를 일으키지' 않는 것이 중요하다고 생각한다. 4 3 2 1

18. 다른 사람들이 나를 어떻게 생각하든 신경 쓰지 않는다. 4 3 2 1

19. 화를 폭발시키는 편이다. 4 3 2 1

20. 내 생각을 이해시킬 수만 있다면 다른 사람을 불쾌하게 만드는 일도 서슴지 않는다. 4 3 2 1

점수 매기는 방법

이제 여러분이 각 항목에 매긴 점수를 아래의 해당 칸에 적는다. 그리고 각 열을 따라 아래로 내려가면서 점수를 더한다.

1번 문항 :	2번 문항 :	3번 문항 :	4번 문항 :
8번 문항 :	5번 문항 :	6번 문항 :	7번 문항 :
9번 문항 :	10번 문항 :	11번 문항 :	12번 문항 :
13번 문항 :	14번 문항 :	15번 문항 :	19번 문항 :
16번 문항 :	17번 문항 :	18번 문항 :	20번 문항 :
총점	**총점**	**총점**	**총점**
수동-공격적인 태도	수동적인 태도	단호한 태도	공격적인 태도

가장 높은 점수를 받은 열을 살펴보자. 그것이 평소 여러분이 전형적으로 드러내는 태도다. 고객서비스 분야에서 일하는 사람들은 '단호한 태도' 점수가 가장 높은 경우가 많은데 평소 이런 태도를 익히기 위해 열심히 노력하기 때문이다. 눈여겨봐야 할 점수는 두 번째로 높은 점수다. 이것이 바로 여러분의 기본 태도, 즉 압박감을 느끼거나 스트레스를 받을 때 취하는 태도다.

가장 높은 점수와 두 번째로 높은 점수가 비슷하다면 이는 상황에 따라 두 가지 스타일을 모두 취할 수 있다는 사실을 가리킨다. 심지어 세 가지 혹은 네 가지 점수가 다 비슷하게 나올 수도 있는데, 이는 여러분이 다양한 행동 스타일을 활용하는 방법에 대해 배웠음을 나타낸다.

각 행동에 대한 이해

아래에 네 가지 주요 스타일을 간략하게 설명해놓았다. 이런 스타일이 한 사람의 평소 모습 전체를 설명하는 것이 아니라 특정한 순간에 드러나는 행동을 가리킨다는 사실을 알고 있어야 한다.

수동적인 태도

자존감과 자신감이 부족할 때 이런 태도를 보이는 경우가 많다. 자신의 요구나 의견을 분명하게 표현하는 것을 꺼리거나 그런 말을 할 때 변명하는 듯한 태도를 취하는 것도 수동적인 태도에 속한다. 예컨대 '저는 이런 문제를 처리해본 경험이 없어서 제 상사에게 넘겨야 할 것 같습니다' 라거나 '이런 말씀 드려도 괜찮을지 모르겠습니다만……' 같은 말투를 가리킨다. 또 자기 의견이 다르다는 것을 말하지 않거나 타당한 의견인데도 그것을 밝히지 않는 태도 등도 여기에 포함된다.

이런 수동적인 태도는 다른 사람을 기쁘게 하고 충돌을 피하려는 욕구 때문에 나타날 수도 있지만 실제로는 그와 반대되는 효과를 낳는 일이 많다. 고객의 입장에서는 고객서비스 담당자가 책임을 지지 않으려고 하는 것처럼 보일 수 있고 나약하고 무능한 모습으로 비칠 가능성도 있다. 이런 모습은 짜증과 실망을 안겨주고 얄궂게도 고객을 더 화나게 만들기도 한다.

공격적인 태도

공격적인 태도에는 분노나 고함 등이 수반되기도 하지만 반드시 그런 것은 아니다. 타인의 권리와 충돌하는 행동은 모두 공격적인 행동이다. 예컨대 상황을 설명하려고 하는 고객의 말을 가로막거나 상대편의 말을 인정하지 않고 무조건 반대되는 입장을 취하는 것 등이 그렇다. 더 기만적인 예는 고객을 진정시킬 때 차분한 태도로 생색내는 듯한 말투를 사용하는 것이다.

사람들은 자기가 공격적으로 행동한다는 사실을 깨닫지 못할 때가 종종 있다. 자신감이 강한 사람은 자기 행동이 다른 이에게 미칠 영향을 의식하지 못한 채 남 위에 군림하려는 태도를 보이기도 한다. 사실 무례한 겉모습 뒤에 부족한 자신감이 감춰져 있는 경우도 있는데, 이런 사람은 속으로는 '혼란'을 느끼고 있기 때문에 자신의 태도가 남에게 공격적으로 보인다는 것을 믿기 어려워한다.

수동-공격적인 태도

수동-공격적인 태도는 아마 여기 소개하는 태도 중에서 가장 좋지 않은 태도일 것이다. 현장에서는 한 발 뒤로 물러나 고객에게 수동적인 태도를 취하다가, 고객과 대면해야 하는 상황이 일단락되면 그 일에 대해서 계속 생각하거나 자기 말을 들어주는 사람 모두에게 불평을 늘어놓는다.

> 수동-공격적 태도란, 자기가 독약을 한 숟가락 가득 퍼먹은 뒤 다른 사람이 죽기를 바라는 것과 같다.
>
> -출처 불명

단호한 태도

단호한 태도는 정직함을 바탕으로 한다. 자신의 명확한 요구와 감정, 의견을 변명하는 느낌 없이 직접적으로 말하는 것이다. 타인의 권리를 민감하게 헤아리고 존중하는 태도와 균형을 이룬다.

수동적인 태도	공격적인 태도	단호한 태도
• 목소리를 높이는 것을 두려워한다. • 부드러운/웅얼거리는 목소리로 말한다. • 상대방과 시선 맞추는 것을 피한다. • 표정을 거의 짓지 않는다. • 몸짓으로 의사를 표현할 때도 몸을 잔뜩 움츠린 상태로 하고, 최대한 남들 눈에 띄지 않으려고 노력한다. • 자기가 지킬 수 없거나 지키지 않을 약속을 한다. • 스스로 책임을 지지 않고 다른 사람에게 그 책임을 전가한다.	• 남의 말을 가로막고 자기 의견을 내세운다. • 큰 목소리를 내거나 고함을 지른다. • 상대방의 눈을 지나치게 똑바로 바라보거나 노려본다. • 위협하는 표정을 짓는다. • 거북한 느낌을 주는 신체언어를 사용하거나 손가락질을 하고 개인적인 공간을 침범한다. • 자신의 요구와 권리에만 관심이 있다. • 남을 탓하고 자신을 변호한다.	• 상대의 말에 귀 기울이고 그가 말할 여지를 준다. • 터놓고 얘기한다. • 적절히 시선을 맞춘다. • 말하는 내용과 일치하는 표정을 짓는다. • 느긋하고 개방적인 느낌의 신체언어를 사용한다. • 자기와 다른 관점에 대해서도 공감과 배려를 표한다. • 공통의 해결책을 협의한다.

해야 할 일과 해서는 안 되는 일

투쟁/도주 반응을 제어할 때

해야 할 일

✓ 그 순간에 집중한다. 눈앞에 닥친 일에만 집중하면, 생각이 혼자 줄달음질쳐서 앞으로 벌어질 가능성이 있는 온갖 일들에 대한 걱정으로 머릿속을 꽉 채우는 일이 없어진다. 그보다는 당장 눈앞에 있는 고객의 불만을 처리하는 일에만 정신을 쏟게 된

다. 또 생각이 점점 부정적인 방향으로 흘러서 스트레스가 계속 쌓이는 것도 막을 수 있다. 우리의 뇌는 실제 위험과 과잉 반응으로 인해 발생한 스트레스를 구분하지 못하기 때문이다. 그리고 기민한 태도로 반응을 보이게 되고 상황에 올바르게 대응할 가능성이 높아진다. 스스로 적절한 때에 적절한 말을 할 수 있다는 확신을 가지고 흐름에 몸을 맡기자.

✓ 가능하면 자리에서 일어난다. 전화상으로 화난 고객을 상대할 때, 선 자세로 통화를 하면 긴장을 푸는 데 정말 도움이 된다. 그리고 가능할 때마다 심호흡을 한다. 일어설 수 없는 상황이라면 '바른' 자세로 앉아야 한다. 꼬고 있던 다리를 풀어 양발을 바닥에 붙이고 등을 곧게 편 뒤 양팔은 편안하게 무릎 위에 놓는다.

✓ 현실을 직시한다. 난처한 상황에 처하면 아무 근거 없는 비이성적인 두려움에 사로잡힐 수도 있다. 이런 두려움은 본능적인 투쟁/도주 반응이 시작됐기 때문이며, 과거에 비슷한 상황을 잘 넘긴 적이 있으니 그 경험을 통해 자신감을 얻으면 된다는 사실을 스스로에게 상기시키자.

✓ 긍정적인 결과에만 계속 집중한다. 지금 하는 일이 자신의 성공과 회사 전체의 성공에 매우 중요하다는 것을 되새긴다.

해서는 안 되는 일

✗ 숨을 참는 것. 매우 당연하고 뻔한 얘기처럼 들리겠지만, 나는 고객서비스 담당자가 역할 연기를 하는 상황에서도 화난 고객을 대할 때 숨을 참는 모습을 본 적이 있다. 우리는 극도의 불안을 느끼면 숨을 멈추거나 매우 가쁘게 숨을 쉬는 경향이 있다. 결국 심한 불안감 때문에 신체적인 불편이 오래 지속되고 더 심해지는 것이다.

✗ 고객의 불만을 본인에 대한 개인적인 유감으로 받아들이는 것. 고객과 자신을 완전히 분리시켜서도 안 되지만 그렇다고 해서 고객의 분노가 자신을 향한 것이라고 여겨서도 안 된다. 고객은 지금 자신의 본능적인 반응대로 행동하는 것뿐, 이성적으로 생각할 수 없는 상태라는 사실을 기억하자.

화난 고객을 지지자로 변화시키는 방법

화난 고객을 상대하면서 스트레스를 받으면 어떤 일이 벌어지는지 알게 되었으니, 이제 고객의 입장이 되어 그들의 기분을 이해해보자. 분노한 고객 앞에서도 침착하고 이성적으로 생각할 수 있는 여러분은 다음의 아이디어를 활용해 고객의 감정 척도를 분노에서 옹호로 바꾸고 그들을 문제를 겪기 전보다 한층 더 충성스러운 고객으로 변모시킬 수 있다.

분노를 인정한다

고객서비스 담당 직원이 분노를 무시한다면 이는 크나큰 실수다. 본인이 화가 났을 때를 떠올려보면 분명히 주변 사람들이 뭔가 반응을 보여주기를 기대하고, 아무 반응도 없으면 그들이 자기 심정을 이해하지 못한다고 생각해 더 화가 났을 것이다. 고객이 화를 내는 것은 여러분에게 자기 심정을 전달하고 연쇄적인 커뮤니케이션을 시작하려는 것이다. 그런데 이런 커뮤니케이션 시도에 아무런 반응도 보이지 않는다면 커뮤니케이션의 고리가 이어지지 못하고 끊어져 버린다. 예를 들어, 여러분이 누군가를 만나서 '안녕하세요. 정말 기분 좋은 아침이네요'라고 인사를 했는데 그 사람이 여러분을 쳐다보지도 않고 대꾸도 하지 않는다면 커뮤니케이션의 고리가 끊어질 것이다. 분노도 커뮤니케이션의 한 형태라는 사실을 인정하지 않으면, 상대방은 여러분이 자기 말에 귀 기울이고 이해하도록 하기 위해 다른 방법에 호소하게 될 것이다.

단호한 태도로 고객의 분노를 인정하고 이에 대응한다면 화난 고객의 분노가 더 깊어지는 것을 막을 수 있다. '고객님께서 화가 많이 나신 듯한데, 이 일의 진상을 규명하는 것은 제게도 무척 중요한 일이라는 걸 알아주셨으면 합니다' 같은 식으로 말을 건네 보자. 직접적이면서도 전문가다운 느낌을 주는 이런 말은 고객의 분노를 악화시키지 않고 가라앉히는 데 도움이 된다. 이렇게 고객의 분노를 인정함으로써 커뮤니케이션 고리가 완성되고, 고객은 자신의 말에 귀를 기울이고 존중해준다는 느낌을 갖게 된다.

분노가 가라앉도록 한다

화가 심하게 난 고객은 분출하는 화산과 약간 닮았다. 일단 폭발하기 시작하면 멈출 수도 없고, 틀어막을 방법도 없다. 또 분출하는 속도도 제멋대로라서 여러분 힘으로는 속도를 조절할 수 없고 방향도 마음대로 바꿀 수 없으니 그냥 분출하게 놔두는 수밖에 없다. 고객이 화가 나면 그 분노를 겪으면서 겉으로 표출해야 하는데, 이때 마구 고함을 지르는 방식으로 표출되는 경우가 많다. 화가 나서 고함을 질러대는 고객의 말을 중간에 끊거나 '진정하라'고 말해서는 안 된다. 분출하는 화산을 멈추려고 하는 것은 무의미한 행동이다(그리고 평균적으로 고함을 질러대던 고객도 대부분 35초 정도면 멈춘다). 화산과 마찬가지로 고객도 곧 힘이

고객이 화가 나면 그 분노를 겪으면서 겉으로 표출해야 한다.

빠져서 소리 지르던 걸 멈추고 여러분이 하는 얘기에 귀를 기울일 수 있는 상태가 된다. 그러니 고객이 고함을 지를 때도 집중 경청 기술을 총동원해서 고객의 말을 귀담아 듣고 있다는 느낌을 줘야 한다.

인정하고 사과한다

'저희에게 솔직하게 말씀해주셔서 감사합니다. 그런 일이 생겨서 정말 유감이네요'라는 말이 주는 효과는 정말 놀랍다. 다시 한 번 감정 척도를 살펴보면, 누군가가 진심으로 미안하다고 사과할 경우에 우리는 그 말을 한 사람에게 공감과 용서의 마음을 느끼게 된다. 이런 사과를 들은 고객은 이제 여러분과 협력 관계에 있다고 느끼기 시작한다. 잘못이 고객에게 있든 아니면 회사 측에 있든 상관없이 반드시 사과해야 한다. 자기 잘못이 아닌 일을 책임져야 하는 것이 걱정된다면, 책임을 떠맡을 걱정 없이 진심으로 사과할 수 있는 비법 몇 가지를 아래에 소개하니 활용해 보자.

전문가의 노트

책임을 인정하지 않고 사과하는 방법

'이런 오해로 인해 불편을 끼쳐드린 점 진심으로 사과드립니다.'

'그런 일이 벌어지게 되어 정말 죄송합니다.'

'이런 상황에 놓이시게 되어 유감입니다.'

위의 사과문은 회사를 비난하지도 고객을 탓하지도 않는다는 점에 주목하자. 그저 서로간의 호감을 높이기 위한 말일 뿐이다. 문제가 생기면 반드시 사과하고, 이때 자신의 말투와 신체언어도 동일한 메시지를 표현하도록 주의한다.

이유를 설명한다

우리는 어떤 일이 생기면 그 원인을 알고 싶어 하기 때문에 문제가 발생하게 된 배경이나 이유를 설명하는 것이 중요하다. 고객에게 문제의 원인을 충분히 설명하면 고객의 신뢰를 다시 얻는 데 도움이 된다. 이때 설명은 짧고 간단하면서 사실에 충실해야 한다. 지나치게 변명을 늘어놓거나 잘못을 사내의 다른 부서 탓으로 돌려서는 안 된다. '잘못에 대한 인정과 사과'를 먼저 한 뒤에 설명을 해야지, 그렇지 않으면 변명처럼 보인다. 다음과 같은 방식이 가장 좋다.

'귀중한 시간을 내서 ___________에 대해 알려주셔서 감사합니다. 저희는 이렇게 잘못된 부분이 있을 때 기꺼이 말씀해주시는 고객님들께 진심으로 감사드립니다. 저희가 생각하기에 이 문제는…….'

이해하려고 노력한다

단호하게 행동하려면 먼저 고객의 입장을 이해하려고 노력해야 한다. 따라서 고객의 분노가 가라앉을 즈음에 진심 어린 공감을 표하는 것이 좋다. 이때는 불만 그 자체가 아니라 불만을 얘기하는 사람에게 집중해야 하는 때다. 고객에게 질문을 하고 필요한 조사를 실시해서 문제 내용을 제대로 파악해야 한다. 그리고 섣부른 판단은 보류한 채로 그 문제를 곰곰이 생각하면서 자기가 추정한 내용이 맞는지 확인하는데, 이때 비난이나 방어적인 태도는 절대 금물이다.

관계 구축 언어와 차단 언어

고객의 심정에 공감하는 말을 건넬 때는 자기가 사용하는 언어에 유의해야 한다. 우리는 보통 이런 식으로 말을 한다. '고객님이 그렇게 화가 나신 까닭을 십분 이해합니다. 식사가 나오는 데 그렇게 시간이 오래 걸렸다면 저라도 화가 났겠지요.' 그러고는 뒤이어서 바로 그 단어, '하지만'이 등장한다. '하지만 저희가 오늘 정말 바빠서요.' 여기서 '하지만'은 어떤 뜻을 전달하는 말일까? 그건 바로 고객이 화난 이유를 전혀 이해하지 못하고 있다는 뜻이다. 이런 잘못된 표현 하나 때문에 다른 모든 노력이 수포로 돌아가게 된다. 이것을 우리와 고객 사이에 벽을 만드는 차단 언어라고 부른다. 우리는 관계를 맺어주는 언어를 사용해야 한다.

예를 들어 보자.

- '그 소녀는 예쁘지만 키가 크다.' : 차단 언어가 사용된 탓에 이 문장의 진짜 의미는 그 소녀가 전혀 예쁘지 않다는 뜻이 된다.
- '그 소녀는 예쁘고 키가 크다.' : 이 문장은 관계 구축 언어가 긍정적인 감정을 발판으로 삼는 사례다.

'하지만'을 사용하는 것은 나쁜 버릇이다.

차단 언어는 공격적인 태도의 일종이며 자신의 진짜 감정을 드러내는 잠재의식적인 반응일 가능성도 있다. 여러분의 기본 태도가 공격적이라면 이런 언어를 사용할 가능성이 높으나, 고객에게 '하지만'을 사용하는 것은 나쁜 버릇이다. 내가 진행하는 교육 워크숍에서 실전 훈련을 할 때는 화난 고객을 상대할 때 이 단어를 사용하지 않는 연습을 하는데, 고객서비스 담당 직원들은 이 부분이 가장 어렵다고들 말한다.

관계 구축 언어는 상대가 말한 내용을 인정하고 이것을 대화의 발판으로 삼는다. 따라서 상대방 입장에서는 자기 말에 귀 기울이고 이해해준다는 느낌이 더 강해진다. 관계 구축 언어를 많이 사용하는 고객서비스 담당 직원은 감정이 격해진 상황을 완화시켜서 긍정적인 결론에 도달할 가능성이 높다. 반면 차단 언어를 너무 많이 사용하면 말다툼이 점점 심해지고 고객은 직원이 자기 심정을 제대로 이해해주지 않으면서 입만 다물게 하려 한다는 생각을 하게 된다.

차단 언어	관계 구축 언어
하지만……	그리고……
그렇지만……	제가 더 드릴 수 있는 말씀은……
사실(말투가 중요)……	마찬가지로……
비록 ……이지만	저도……
그럼에도 불구하고……	여기에 덧붙여서……
그러나……	……에 대해 생각해 보셨습니까?(질문)
고객님이 이해 못 하시는 부분이……	또 하나 중요한 점은……
고객님이 이해하셔야 하는 것이……	제 생각에는……

관계 구축 언어의 예

- '저도 전적으로 이해합니다. 그리고……'
- '얼마나 기분이 상하셨을지 저도 잘 압니다. 제가 더 드릴 수 있는 말씀은……'
- '고객님의 말씀 충분히 이해했고 마찬가지로 제가 드리고 싶은 얘기는……'
- '정말로 좋은 지적 해주셨네요. 여기에 덧붙여서 제가 여쭙고 싶은 것은……'
- ''X'에 관한 고객님의 의견은 잘 알았습니다. (잠시 멈춤) 그런데 제가 한 가지 제안을 해도 될까요?'
- '네, 그렇군요. 그런데 ……에 관해서는 어떻게 생각하시는지요?'

전문가의 노트

평소 차단 언어를 너무 많이 사용하면서 관계 구축 언어는 부자연스럽고 어색하게 느껴지는 것이 걱정이라면, 고객에게 어떤 말을 하거나 질문을 던지기 전에 말을 잠깐 멈추는 것도 좋은 방법이다.

책임을 진다

이제 고객의 문제를 완벽하게 이해했으면 그에 대한 책임을 지는 것이 정말 중요하다. 고객이 불만을 제기하면서 가장 자주 느끼는 감정 가운데 하나가 무력감이다. 자신의 불만에 직원이 어떤 반응을 보일지, 자기 심정을 이해해줄지, 필요한 조치를 취해줄 것인지 알 수 없기 때문이다. 고객의 이런 불안을 덜어주려면, 그들의 요구를 충족시키거나 불만을 해소하기 위해서는 무엇이 필요한지 물어보는 것이 좋다. 아니면 고객의 문제와 관련된 해결책을 제시하거나 어떤 해결안이 가장 마음에 드는지 물어보는 것도 한 방법이다. 이런 방법을 이용하면 고객이 다시 주도권을 잡게 되므로 감정적인 대응도 나아진다. 고객의 불만을 받아들였을 때의 좋은 점 하나는 문제를 해결하고 고객의 신뢰를 회복할 수 있는 두 번째 기회를 얻게 된다는 것이다. 그리고 고객과 합의한 해결 방안이 무엇이든 간에, 그것을 끝까지 지켜야 한다. 이것이 결정적 순간에 중요한 영향을 미친다. 고객이 여러분에게 문제의 해결을 맡겼는데 합의한 일이 이뤄지지 않거나 뭔가가 잘못된다면, 그때까지 노력한 일이 모두 허사가 되어버린다.

앞서 얘기한 것처럼, 나는 이 책을 쓰면서 평소 다니던 헬스클럽(거의 7년 가까이 회원으로 등록해서 다니던 곳이다)에 있는 카페에서 일주일 정도 작업을 했는데 그곳에서 정말 끔찍한 서비스를 경험했다. 어느 점심 시간에, 그날따라 손님이 너무 많아 우리 음식이 나오기까지 45분 정도 기다려야 한다는 말을 들었다. 기다리는 것 자체는 별로 큰일이 아니었다. 하지만 1시간 가까이 기다리다가 결국 언제쯤 음식이 나오느냐고 묻자, 우리 주문이 누락되는 바람에 다시 20분을 더 기다려야 한다고 했다. 평소 같으면 그냥 다른 식당으로 갔을 텐데, 탁자에 내 노트북과 자료를 다 펼쳐놓고 있었기 때문에 어쩔 수 없이 계속 기다리는 수밖에 없었다. 마침내 주문한 음식이 나왔지만 맛이 너무 이상해서 웨이터에게 불만을 제기했다. 웨이터는 우리 얼굴을 제대로 쳐다보지도 않

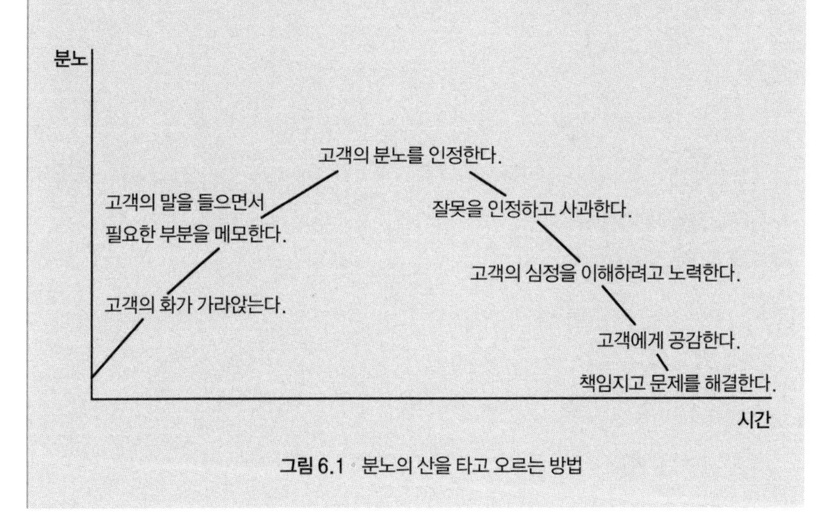

그림 6.1 분노의 산을 타고 오르는 방법

는 등 지극히 수동적인 태도로 일관하다가 결국 지배인을 데려왔다. 그 지배인은 훌륭한 태도로 우리의 불만을 귀 담아 듣더니 고맙다고 인사를 하고 음식값을 모두 환불해 주겠다고 말했다. 그의 태도 덕분에 사태가 완전히 반전되어 우리는 다시 기분이 좋아졌고 그렇게 바쁘게 일해야 했던 직원들이 안됐다는 생각까지 하게 되었다. 하지만 자리에서 일어서려던 순간 약속한 환불을 받지 못했다는 사실을 깨달았다. 그 지배인의 모습이 어디에도 보이지 않았기 때문에, 내 남편은 붐비는 대기줄 앞으로 가서 상황을 일일이 설명하고 환불을 받아오는 창피함을 감수해야 했다. 우리는 짜증과 굴욕감과 실망을 느끼면서 헬스클럽 문을 나섰다. 문제를 해결하기 위해 자신의 시간과 돈을 들여야만 하는 곳이라면 다시는 고객이 되고 싶지 않다. 그 지배인이 약속한 일을 제대로 처리하기만 했어도 이 사례의 결과는 완전히 달라졌을 것이다. 그림 6.1은 고객의 불만을 책임지고 처리하는 과정을 보여준다.

전문가의 노트

고객이 폭언을 퍼부을 때

때로는 고객이 대화 중에 완전히 이성을 잃고 폭언을 퍼붓거나 처음부터 모욕적인 태도로 대화를 시작하는 경우가 있다. 폭언이란 감정이 통제되지 않는 상태에서 말로 위협을 가하거나 욕설을 하는 것을 말한다. 앞서 얘기한 기술과 절차를 모두 동원했는데도 고객이 함부로 행동하거나 대화를 시작하는 순간부터 모욕적인 태도로 나온다면, 고객의 행동을 통제하기 위한 고급 전략을 몇 가지 사용할 때가 된 것이다. 또한 이때는 여러분 자신을 보호해야 하는 때이기도 하다. 고객은 자신과 전화로 통화하는 고객 서비스 담당자에게 폭언을 퍼붓는 경우가 더 많은데, 이는 접촉이 익명으로 이뤄지기 때문이다.

자제력을 잃은 고객을 상대할 때 이용할 수 있는 몇 가지 방법을 소개한다.

1. **대화를 할 때 인간적인 면을 부각시킨다.** 고객과의 상호작용에 인간적인 면이 부족할수록 통제 불가능한 상황에 빠지는 경우가 많다. 고객의 분노가 도를 넘어갈 것 같다는 느낌이 들고 모든 방법을 다 시도해봐도 효과가 없다면 '대화를 개인적인 방향으로 끌고 가는' 전략을 써야 한다. 고객의 이름을 친근하게 부르고 그들이 속한 회사 이름도 언급한다. 또 여러분의 이름을 다시 말하면서 (여러분이 속한 회사)는 고객을 만족시키고자 노력한다는 사실을 상기시킨다.
2. **여러분이 고객의 편이라는 사실을 다시금 알려준다.** 그리고 여러분이 문제 해결을 위해 노력하고 있다는 사실도 강조해야 한다. 고객이 정중한 말투를 사용하고 또 요구하는 바가 타당해야만 문제 해결이 가능하다고 말한다. 고객이 계속 부적절한 표현을 쓰거나 자제력을 완전히 잃었다면 고객의 말을 계속 듣고만 있어서는 안 된다. 이런 상태에서는 아무런 합의도 이룰 수 없고, 고객은 침착한 태도를 유지하려는 여러분의 노력을 방해할 것이다. 이런 상황이 지속되도록 놔두면 고객은 여러분과 여러분의 회사를 존중하는 마음을 잃는다. 고객이 이성적으로 대화를 나눌 수 있는 평정심을 유지하지 못한다면 이제 다른 방법을 시도해봐야 한다.
3. **다른 사람을 개입시키거나 전화를 돌린다.** 여러분이 상사나 다른 동료에게 전화를 돌리면 고객은 그 동안 자신의 행동을 되돌아볼 기회를 갖게 된다. 전화를 돌리기 전, 고객에게 이제 여러분이 할 수 있는 일은 다 했으니 문제를 해결할 수 있는 다른 사람과 대화를 나눠보라고 말한다. 이 말을 들은 고객은 더 이상 여러분을 괴롭힐 수 없고 지금까지 하던 행동도 중단해야 한다는 사실을 깨닫게 된다. 이렇듯 일이 다른 사람에게 넘어가면 고객이 자신의 행동을 사과하고 지금까지와 다른 태도를 취하는 경우가 많다.
4. **통화를 끝낸다.** 전화를 다른 사람에게 돌리고 싶지 않거나 이 상황에 개입시킬 만한

사람이 없는데 고객은 여전히 통제 불가능한 상황이라면, 유감스럽지만 전화를 끊어야만 한다. 전화를 끊기 전에, 여러분과 여러분의 회사는 고객을 돕고 싶으며 이성적인 태도로 문제를 설명해준다면 기꺼이 돕겠노라고 말한다. 고객에게는 여러분과 여러분의 회사가 고객을 돕기 위해 최선을 다한다는 사실을 알리고, 직원들에게는 고객이 폭언을 퍼부을 경우 대화를 중단하라고 충고한다. 고객에게 추후 다시 연락하고 싶다면 기꺼이 대화를 나누겠다고 말한 뒤 통화를 끝낸다.

5. **자신을 보호한다.** 고객의 행동은 여러분과 아무 상관도 없으니 자기 개인의 문제로 받아들여서는 안 된다는 것을 기억하자. 고객은 투쟁 반응에 굴복해 이성적으로 행동할 수 없는 상태이므로 그때 하는 행동을 여러분 개인에 대한 공격으로 여겨서는 안 된다.

고객인가 범죄자인가

Example

예전에 친구들과 함께 어떤 식당에 갔을 때 했던 경험은 평생 잊을 수 없을 것이다. 그곳은 우리 가족이 몇 년 동안 단골로 다니면서 정말 즐거운 시간을 보냈던 한 식당에서 새로 설립한 와인 바였다. 우리는 그 식당의 새로운 사업을 후원해주는 것도 좋은 일이라고 생각해서 새로운 와인 바에 가보기로 하고 친구들도 몇 명 초대했다. 그곳에 도착한 우리는 그 와인 바가 우리의 단골 식당과 관계가 있기는 하지만, 전혀 새로운 인물이 운영과 관리를 맡고 있어서 분위기가 매우 다르다는 사실을 깨달았다. 처음부터 서비스가 좋지 않았기 때문에 우리는 마음이 불편해졌다. 식당 직원들에게 뭔가 의심을 받는 듯한 느낌마저 들었다. 남편은 스테이크를 주문하면서 미디엄 웰던으로

> 구워달라고 부탁했다. 그런데 나온 스테이크는 완전히 레어rare 상태여서 도저히 먹을 수가 없었기 때문에 조금만 더 익혀달라고 정중하게 부탁했다. 그러자 웨이터는 "설마 이걸 핑계로 공짜로 드실 생각은 아니겠죠"라면서 스테이크를 가져갔다. 그 순간 우리 일행은 꼭 남에게 사기를 치려고 드는 범죄자가 된 듯한 기분이었다. 정말 말도 안 되게 부당한 대우였다. 우리는 본점의 단골손님이지만 그곳에서는 한 번도 나온 음식을 되돌려 보낸 적이 없었다. 다시 나온 스테이크는 완전히 까맣게 타서 먹을 수도 없는 상태였다. 상황이 이쯤 되자 남편은 끓어오르는 투쟁 반응을 이기지 못하고 심하게 화를 냈다. 그러자 지배인이 오더니 우리가 음식을 공짜로 먹으려고 그러는 거라고 비난하면서 자기 식당에 더 이상 오지 말라고 했다. 할 수 없이 우리가 자리에서 일어서자 직원과 몇몇 고객들이 천천히 박수를 쳤다. 이날의 일은 내 평생 가장 치욕스러운 경험이었는데, 이 모든 일이 다 남편이 원하는 방식대로 요리된 스테이크를 원했다는 이유 하나 때문에 빚어진 것이었다.

이 사례는 잘못된 필터를 통해서 고객을 바라볼 경우, 고객이 회사에 대한 신뢰를 잃거나 비난당한다는 느낌을 받을 수도 있음을 잘 보여준다. 고객서비스 부서에서는 고객의 신뢰를 얻는 일과 이를 위한 전략 수립에 관해서 많은 이야기를 나누지만, 우리가 먼저 고객을 신뢰하지 않는다면 어떻게 고객이 우리를 신뢰해주리라고 기대할 수 있겠는가? 사람들을 범죄자 대하듯 한다면 그들이 실제로 범죄자처럼 행동하기 시작해도 할 말이 없다.

내가 오랫동안 살면서 얻은 가장 중요한 교훈은, 어떤 사람을 신뢰할 만한 인물로 만드는 유일한 방법은 그를 신뢰하는 것뿐이고, 믿을 수 없는 사람으로 만드는 가장 확실한 방법은 그를 불신하면서 그 불신을 드러내는 것이다.

– 헨리 L. 스팀슨Henry L. Stimson, 미국 정치가, 1867~1950

신뢰 부족 사례

- 귀하의 불만사항을 서면으로 작성해 주시겠습니까? = '우리는 당신 말을 믿지 않는다. 당신도 스스로 거짓말을 한다는 것을 아니까 그 내용을 서면으로 작성할 리가 없다.'
- 귀하가 상대했던 직원 이름을 아십니까? = '당신은 사실 아무하고도 얘기를 한 적이 없어, 그렇지? 그 사실을 인정하시지.'
- 저희에게 맡겨주시면 저희가 알아서 조사하겠습니다. = '당신이 거짓말을 하고 있다는 걸 밝혀낼 테니까 걱정 마시길.'
- 구입할 당시의 상자/영수증을 보관하고 계십니까? = '그 물건은 여기서 산 게 아니잖아, 안 그래?'
- 적정 온도에서 세탁하셨습니까? = '설명서도 안 읽고 너무 뜨거운 물에 세탁해서 물건을 망쳐놓고는 이제 우리한테 그 비난을 돌리려고 하는군.'
- 탈의실에 들어가실 때는 한 번에 옷을 네 벌까지만 갖고 들어가실 수 있습니다. = '당신은 가게 물건을 슬쩍할 수도 있는 사람이야.'

이건 전체 사례 가운데 극히 일부에 불과하며 우리도 거래를 할 때면 늘 이런 말을 듣는다. 고객에게 이런 말을 하지 않도록 노력하지 않는다면, 폭언을 퍼붓는 고객을 상대할 때 필요한 전략을 원하는 것 이상으로 자주 사용하게 될지도 모른다.

고객과 신뢰를 쌓는 방법

- 고객을 선의의 시선으로 바라본다.
- 고객의 말에 귀 기울이고 필요한 사항을 메모한다.
- 전체의 3퍼센트밖에 안 되는 전문 불평꾼을 기준으로 모든 고객과의 경험을 판단해서는 안 된다.
- 고객과의 약속을 꼭 지킨다.
- 고객의 불만을 처리하는 책임을 이리저리 넘기지 말고 자기 선에서 즉시 처리한다.
- 불만 처리 업무를 투명하게 진행한다.
- 불만 처리 과정에 고객을 참여시킨다.

해야 할 일과 해서는 안 되는 일

불만을 처리할 때

해야 할 일

✓ 모든 불만을 진지하게 받아들이고 그 사실을 고객에게 분명히 밝힌다.

✓ 불만이 접수되면 바로 처리한다. 불만을 말한 즉시 원만하게 해결되면 해당 고객의 95퍼센트가 다시 돌아온다는 사실을 기억하자. 또 불만이 즉시 처리될 경우 고객은 더 적은 보상에도 만족한다는 조사 결과도 있다. 처리되기까지 시간이 오래 걸려서 자기가 그 일에 많은 시간을 허비했다고 생각하면 더 많은 보상을 요구하게 되는 것이다.

✓ 일이 잘못되면 알맞은 보상을 제공한다. 불만사항이 제대로 해결되고 여기에 덧붙여 할인, 환불, 상품권 등의 보상까지 받게 되면 고객은 자신을 소중히 여긴다는 생각을 하게 되므로 금상첨화다. 이런 보상을 이용하면 고객이 돌아올 가능성이 커지므로, 향후 고객이 여러분 회사와 계속 거래를 하는 동안 보상에 소요된 비용의 몇 배 이상을 회수하게 되고 좋은 입소문도 퍼지게 된다.

✓ 평범한 서비스 회복 수준을 넘어선다. 내가 말레이시아의 한 식당에서 경험한 것처럼 고객에게 놀라움과 기쁨을 안겨줄 방법이 있는지 찾아본다. 이런 순간이야말로 고객을 감동시켜서 여러분을 위해 홍보와 영업까지 대신 해주는 충성스러운 지지자로 만들 수 있는 절호의 기회다.

✓ 고객이 처리 결과에 만족했는지 확인하고 피드백을 부탁한다. 그리고 이 기회를 빌어 다시 한 번 감사의 뜻을 전한다.

✓ 언제나 정중하고 친절하며 융통성 있는 태도를 취한다. 이것이 바로 서비스 담당자들의 기본적인 태도이며 고객이 기대하는 모습이기도 하다. 고객을 존중하는 태도로 대하면 고객은 공정한 대우를 받는다고 느끼는데, 이는 고객이 불만을 제기할 때 특히 중요하다.

✓ 고객의 친구가 된다. 말투와 사용하는 단어, 전반적인 태도를 통해 여러분이 고객의 편이라는 사실을 보여줘야 한다.

해서는 안 되는 일

✗ 모든 것이 고객의 잘못이라고 말하는 것. 이런 말을 들은 고객은 당장 여러분과 싸움이라도 벌이고 싶은 기분이 들 것이다. 잘잘못을 가리고자 하는 생각은 잊어버리고, 고객을 다시 기분 좋게 만드는 데 필요한 가장 중요한 일에 집중한다.

✗ 고객과 말다툼을 벌이는 것. 고객과 논쟁을 벌일 경우 여러분이 이길 방법은 없다. 물론 자신의 주장을 입증하고 끝까지 양보하지 않을 수는 있다. 그리고 실제로 여러분의 말이 옳을 수도 있지만 논쟁을 통해서 고객의 마음을 돌려놓는 것은 불가능하다.

✗ 고객이 틀렸음을 증명하겠다는 듯이 권위적인 말투로 말하는 것. 실제로 고객이 틀렸더라도 이런 식의 태도를 보이면 고객은 방어적인 자세를 취하게 되므로 결코 적절한 대응 방식이 아니다.

✗ '저희가 그럴 리가 없습니다'라고 말하는 것. 그보다는 '좀 더 자세히 말씀해 주십시오'라고 말해보자.

✗ 비현실적인 일을 약속하는 것(또다시 실망하는 고객의 모습은 그리 보기 좋은 광경이 아니다!). 특히 여러분이 한 약속을 다른 사람이 이행해야 하는 경우에는 더 큰 문제가 생길 수 있다. 필요하다면 자신이 한 약속이 실행 가능한 일인지 확인한다. 그리고 해결 방안을 즉시 제공할 수 없는 경우에는 고객에게 진행 상황을 계속 알려준다.

✗ 고객을 내버려두는 것. 응대하는 사람도 없이 고객을 마냥 기다리게 해서는 안 된다(특히 전화통화 중인 경우). 이 경우 고객의 분노가 더 심해진다.

이메일을 이용할 때 주의해야 할 사항

이메일은 그 속성상 불만을 처리하기에 가장 좋은 방법은 아니다. 직접 만나거나 전화상으로 협의한 일들을 보완하는 데는 좋지만 이메일로 불만을 처리하는 것은 연인에게 헤어지자는 말을 문자메시지로 전하는 것과 마찬가지다. 또 이메일 내용이 잘못 해석될 가능성도 있기 때문에, 제대로 주의해서 쓰지 않은 이메일이 언짢은 고객의 손에 들어갈 경우 그 내용이 단 몇 분 만에 인터넷 전체에 퍼질 수도 있다. 고객과 직접 대면하는 것이 두렵거나 불만이 생긴 원인이 여러분 또는 회사 때문이라는 사실을 아는 경우에는 이메일을 통해 문제를 해결하고 싶다는 유혹이 강하게 들 것이다. 하지만 이는 소극적인 대응이며, 문제를 피해서 숨으려고 하는 것이다. 절대로 그래서는 안 된다. 용기를 내자. 수화기를 들어 전화를 걸거나 직접 찾아가 고객과 만나자. 그러면 결국 시간도 절약되고 고객 이탈도 막을 수 있다.

때로는 불만이 이메일로 접수되고 그것 외에는 고객과 연락할 방도가 없어서 어쩔 수 없이 이메일로 답을 해야 하는 경우도 있다. 이메일을 통한 상호작용이 긍정적인 방향으로 이뤄지려면 다음과 같은 기본 단계를 따라야 한다.

> 이메일로 불만을 처리하는 것은 연인에게 헤어지자는 말을 문자메시지로 전하는 것과 마찬가지다.

- **최대한 빨리 답한다.** 이메일로 접수된 불만에 답하는 데 걸리는 시간은 평

균 2~4일 정도다. 어떻게 해서든 몇 시간 안에 답을 받아보고자 하는 고객에게 이는 용납할 수 없는 일이다.

- 고객의 이메일을 주의 깊게 읽는다. 고객과 직접 만나거나 전화통화를 할 때 고객의 마음을 이해하려고 노력하는 것이 중요한 것처럼, 눈앞에 명명백백하게 펼쳐져 있는 고객의 이메일에 나열된 문제를 모두 파악하는 것도 그만큼이나, 아니 어쩌면 그보다 더 중요한 일이다. 이런 상황에서는 주의가 혼란스러워서, 혹은 다른 어떤 이유 때문에 고객의 말을 알아듣지 못했다는 핑계를 댈 수가 없다. 고객이 가장 짜증스러워하는 때는, 이메일로 접수한 불만사항에 대한 답장을 받았는데 자기가 제기한 문제나 의문이 모두 해결되지 않았을 때다. 이런 상황이 발생하는 이유는 사람들은 대개 첫 번째로 제시된 문제에만 신경을 쏟고 나머지는 대충 건너뛰는 경향이 있기 때문이다.

전문가의 노트

고객의 이메일 내용을 복사해서 답장에 붙여 넣은 후 각 부분에 대한 답변을 꼼꼼히 적어서 고객이 제기한 모든 의문에 답을 해준다. 고객이 사용한 단어를 답장에도 그대로 써서 고객의 이메일을 제대로 읽었다는 사실을 보여주는 것도 좋다. 답장 작성이 끝나면 복사해서 붙여넣은 고객의 이메일 내용을 삭제한다.

- 감사 인사로 서두를 연다. '고객님께서 모월 모일에 보내신 이메일과 관련하여……' 같은 말로 이메일의 서두를 여는 일이 많다. 왜 그래야 하는가? 고객과 얼굴을 맞대고 직접 얘기하는 상황이라면 이런 식으로 말하지는 않을 것이다. 쓸데없는 말은 넣지 말고 바로 본론으로 들어가서 고객이 궁금해 하는 내용을 보여줘야 고객의 신뢰를 되찾을 수 있다.

Example!!!

'소중한 메일 감사드립니다. 저희는 고객 여러분이 보내주시는 모든 피드백을 정말 감사히 여기고 있습니다…….'

'~와 관련하여 고객님의 귀한 시간을 할애해 저희에게 메일을 보내주셔서 감사합니다.'

- 사과한다. 그렇다. 비록 서면으로 작성된 문서이기는 해도 사과가 곧 잘못이나 비난을 인정하는 것은 아니다. 사과의 목적은 여러분이 고객을 신경 쓰고 고객의 마음에 공감한다는 것을 보여줘서 호의를 되찾는 것이다. 책임을 인정하지 않으면서도 정중하게 사과하는 방법과 관련해서는 앞서 소개한 팁을 참조한다.
- 설명한다. 고객은 문제가 발생한 이유에 대한 설명을 듣고 싶어 하는데, 특히 서면으로 설명하면 고객이 제대로 이해하고 받아들일 가능성이 높아져서 신뢰가 회복된다.

- **보상한다.** 고객에게 보상하는 것을 망설여서는 안 된다. 보상을 통해 고객 만족도와 충성도가 높아지고 주변인들에게 추천도 해주는 등 여러 가지 대가를 얻을 수 있다. 문제를 즉각적으로 해결할 수 없다면 진행 상황을 계속 알려준다.
- **이메일을 보내기 전에 검토한다.** 확인하고, 확인하고 또 확인한다. 실수한 부분이 하나라도 있으면 전문가답지 않게 칠칠맞아 보인다. 여러분이 보낸 이메일이 인터넷 블로그에 게시된다고 상상해보자. 남들 눈에 어떻게 보이겠는가? 그 형식과 내용에 100% 만족하는가? 뭔가 미심쩍은 부분이 있으면 다른 사람의 의견을 구하자.

직원에게 권한을 부여하는 것은 단순한 허락 이상을 의미한다

여러분이 고객서비스 팀을 관리하거나 기업을 운영하는 입장이라면, 고객 불만 처리는 직원들이 가장 자신 없어 하는 업무 분야라는 사실을 알 것이다. 따라서 고객을 직접 대면하는 직원들은 이런 면에 있어서 많은 지원을 필요로 한다. 고객들에게는 얼마든지 불만을 얘기하라고 하면서 서비스 팀 직원들에게는 그에 대응할 수 있는 훈련이나 지원을 제공하지 않는다는 건 말이 안 된다. 정기적으로 날을 정해 직원과 고객의 통화 내용을 듣고 적절한 대응 방안을 코치해서 자신감을 키워준다. 팀의 노고를 인정하고 불만을 성공적으로 처리한 직원에게 적절히 보상해줄 방법을 찾는다. 그리고 이 직원들이 곧 고객의 목소리를 대변하므로 이들의 말에 귀를 기울여야 한다.

고객의 불만이 얼마나 빨리 해소되느냐는, 그 고객이 앞으로도 계속 여러분과 거래를 하면서 좋은 대변인이 되어줄지를 결정하는 핵심 요소 가운데 하나다. 일선 직원들에게 불만을 처리할 수 있는 권한이 있으면 시간과 돈이 절약되는 것은 물론이고 고객의 불만도 줄어들 것이다.

Example

스테나 라인이 아주 좋은 사례다. 스테나 라인은 직원들이 서비스 회복을 위해 본인 재량에 따라 최대 1천 유로까지 지출할 수 있는 권한을 주었다. 이런 조치는 불만 처리에 관한 직원들의 생각에 놀라운 영향을 미쳤다. 직원들의 업무 권한이 늘어났고, 불만 처리 업무는 자존감에 영향을 미칠 수 있음에도 불구하고 내가 스테나에서 만나본 고객서비스 팀원들은 전보다 훨씬 자기 일을 즐기고 있었다. 직원들은 이제 고객에게 문제를 해결해주겠다고 말할 때 스스로 진정한 믿음과 확신을 가지고 그 말을 할 수 있게 되었다고 말한다. 고객에게 무슨 약속을 하든 지킬 수 있다는 사실을 알고 있고, 고객들 또한 그것을 알기 때문이다.

직원에게 꼭 필요한 세 가지

1. 고객의 불만을 효과적으로 처리할 수 있는 책임감.

2. 불만 처리 목표를 이루기 위해 필요하다고 생각되는 결정을 내릴 수 있는 권한 (일정한 범위 안에서).

3. 조직 전체의 불만 처리 과정이 일관성 있게 진행될 수 있도록 불만 처리 과정을 이끌어줄 수 있는 행동 또는 절차 체계.

알맹이만 쏙쏙!

- 고객의 불만을 훌륭하게 처리하는 것이 왜 새로운 거래를 확보하는 가장 좋은 방법 중 하나인지를 자기 자신과 고객을 직접 대하는 직원들에게 계속 주지시킨다.
- 자신의 투쟁/도주 반응이 어떻게 나타나는지 이해하고, 그 효과를 최소화할 수 있는 전략을 이용한다.
- 본인의 기본 태도와 그것이 드러나는 방식을 파악해서 항상 단호한 태도를 유지할 수 있도록 한다.
- 다음과 같은 단계를 활용한다.
  - 고객의 분노를 인정한다.
  - 고객의 화가 가라앉기를 기다린다.
  - 잘못을 인정하고 사과한다.
  - 상황을 설명한다.
  - 고객의 심정을 이해하려고 노력한다.
  - 책임지고 문제를 해결한다.
- 차단 언어를 사용하지 말고 관계 구축 언어를 사용한다.
- 폭언을 퍼붓는 고객을 상대할 때 온갖 방법을 다 동원해도 소용없다면 그냥 통화를 끝내야 한다.
- 고객의 신뢰를 얻으려면 내가 먼저 고객을 믿어야 한다. 항상 선의의 시선으로 고객을 바라보자.
- 이메일을 이용할 때는 신중을 기하고, 고객과 직접 얘기를 나눌 수 있는 상황에서

하는 일들이 이메일에도 그대로 반영되어야 한다는 사실을 기억하자.

- 관리자는 고객서비스 담당 직원들이 고객의 불만을 책임지고 해결하는 데 필요한 권한을 허락해야 한다.

chapter

07

고객의 청을 거절하면서도 고객을 놓치지 않는 방법

지금까지 고객을 기쁘게 하는 방법들을 살펴보면서 많은 시간을 보냈다. 고객의 청을 받아들이는 것은 그들의 감정 척도가 좋은 쪽에 계속 머물도록 하는 데 확실히 도움이 된다. 대체적으로 볼 때 사람들은 누구나 '거절'당하는 것을 싫어한다. 인간은 아주 어릴 때부터 이 말을 듣기 싫어하도록 만들어졌다. 부모님은 우리에게 늘 '안 된다'고 말씀하시는데 그 말은 대개 맛있는 걸 먹을 수 없다거나 재미있어 보이는 일을 하지 못한다는 뜻이기 때문에 처음부터 부정적인 느낌을 준다. 우리는 '안 돼'라는 말을 실망감 또는 타인의 기대를 저버리는 일과 결부시킨다. 다른 사람들을 기쁘게 해주

우리는 '안 돼'라는 말을 실망감 또는 타인의 기대를 저버리는 일과 결부시킨다.

고 싶은 우리로서는 거절의 말을 하는 것 또한 매우 힘든 일이다. 아마도 내가 아무런 거리낌 없이 '안 돼'라고 말했던 건 2살 때가 마지막이었던 듯하다. 나는 늘 사람들을 기쁘게 해야 한다고 굳게 믿고 있기 때문에 이 간단한 두 글자짜리 말을 할 때마다 뭔가 큰 잘못을 저지른 듯한 느낌이 든다.

물론 고객의 청을 힘들게 '아니오'라고 거절하는 것보다는 '네'라고 대답하며 받아들이는 것이 좋다. 또 노골적으로 '안 된다'고 말하기보다는 고객을 도울 방법이 없다는 것을 기분 좋게 돌려서 전하는 방법도 있다. 하지만 어쨌든 고객 입장에서 보면 거절을 당하는 것이 오래도록 기억에 남을 만큼 감동적인 순간이 아닌 것만은 분명하다. 하지만 고객을 실망시키지 않을 경우 감당하지 못할 상황에 처할 수도 있다. 예를 들어, 때로는 고객에게 최상의 이익이 돌아가지 않는 일이기 때문에 거절해야 하는 경우가 있다. 예전에 내 딸과 딸아이의 친구를 데리고 앨튼 타워Alton Tower라는 놀이공원에 간 적이 있다. 당시 딸은 온갖 무서운 놀이기구를 다 타보고 싶어 하는 그런 나이였지만 안타깝게도 또래에 비해 키가 작은 편이었다. 아이의 친구는 나이는 같지만 키가 몇 센티미터 더 컸다. 임기응변 재주가 뛰어난 딸은 키를 몇 센티미터 더 커보이게 하려고 웨지 힐 구두를 신었다. 첫 번째 롤러코스터가 보이자 딸은 잔뜩 흥분해서 눈을 반짝이며 볼에는 홍조까지 띠었다. 키 재는 막대 앞에 다다랐을 때 딸의 친구는 무사히 통과해서 롤러코스터에 올라탈 수 있었다. 하지만 딸은 높은 구두를 신어서 키가 몇 센티미터나 커졌음에도 불구하고 눈금을 통과하지 못했다. 딸은 그곳에 있는 직원에게 제발 태워달라고 간청했지만 직원은 매우 친절한 태도로 안 된다고 말했다. 딸은 내가 지금껏 만나본 사람들 가운데 가장 설득력이 뛰어난 편에 속하지만, 직원은 단호하면서도 부드러운 태도로 계속 안 된다고 말하면서 키가 기준치보다 작은 사람이 롤러코스터를 탈 경우 얼마나 위험한지를 설명했다. 나는 아이가 실망하는 모습을 보고 싶지 않았지만, 그 직원이 딸의 기분을 배려하는 동시에 무엇보다 중요한 안전을 걱정해주는 것에 감동받았다. 이날 받은 감동 때문에 이후 아이들을 데리고 앨튼 타워에 갈 때마다 늘 기분이 좋았고 이제 19살이 된 딸은 그 놀이공원의 최고 단골 가운데 한 명이다. 내가 말하고자 하는 요점은, 여러 가지 타당한 이유 때문에 고객의 청을 거절해야 하는 경우가 있지만 이때 고객의 호의와 이후의 거래 기회를 잃느냐 아니면 유지하느냐는 거절하는 방식에 달려 있다는 것이다. 이 장에서는 거절을 쉽게 하는 방법, 그리고 거절로 인해 생기는 피해 범위를 줄일 뿐만 아니라 실제로 고객을 기쁘게 할 수 있는 거절 방법을 몇 가지 살펴보겠다.

Example!!!

고객에게 거절을 해야만 할 때는 그것을 감동의 순간으로 바꿀 방법을 찾아야 한다. 디즈니에서는 놀이기구를 타려고 줄을 서서 기다리던 아이가 키가 작아서 타지 못하는 경우, 아이의 키가 충분히 자란 후에 다시 오면 즉시 맨 앞줄에 설 수 있게 해주는 보증서를 아이와 가족들에게 선물로 준다. 기분 나쁠 수도 있는 순간을 감동의 순간으로 바꾸는 좋은 방법이다.

'거절'해도 괜찮은 경우

- 여러분이 제대로 된 서비스를 제공할 수 없는 경우. 찾아온 고객을 돌려보내고 싶은 사람은 아무도 없겠지만, 정직성을 발휘해서 다른 곳에 가면 더 좋은 서비스를 받거나 제품을 구할 수 있다는 사실을 고객에게 알려주면 고객의 신뢰를 얻는 데 큰 도움이 된다. 훌륭한 서비스의 토대는 고객이 원하는 것을 제공하는 것이지만, 그 제공 방식이 여러분의 사업과 맞아야 한다. 즉 여러분이 하는 일과 관련된 것이어야 한다는 뜻이다. 이왕이면 여러분 회사가 다른 회사들보다 더 잘하는 것이면 더욱 좋다.

Example!!!

매우 규모가 큰 한 음료수 회사의 직원 서비스 교육을 맡아 달라는 부탁을 받은 적이 있다. 이 회사는 우리의 새로운 고객이었는데, 이렇게 큰 회사의 업무 의뢰를 받는 일은 날마다 있는 일이 아니다. 그런데 그 회사가 원한 교육 내용은 우리가 별로 경험해 보지 못한 분야에 관한 것이었다. 하려면 할 수야 있겠지만 아주 훌륭한 성과를 기대하기는 어려웠다. 의뢰를 받아들이고 싶은 마음은 굴뚝같았지만, 이건 그 회사에게도 그리고 결국 우리에게도 결코 옳은 일이 아니라는 생각이 들었다. 그래서 의뢰를 거절하고 그들이 원하는 교육을 실시할 수 있는 다른 회사를 추천했다. 이런 대화를 나누던 중에 다른 중요 분야에 대한 교육의 필요성이 대두되었고, 나는 이 분야에서 우리 회사가 제공하는 교육 과정에 대한 정보를 슬쩍 흘릴 수 있었다. 한 달 뒤, 그쪽 회사에서 전화를 걸어와 새로운 교육의 필요성에 대해 얘기했고 결국 우리는 그 회사에 여러 가지 교육 과정을 제공하게 되었다. 나중에 담당자에게 왜 우리 회사를 선택했느냐고 묻자 그는 우리가 정직하게 행동했기 때문이라고 말했다. 우리에게 맞지 않는 일을 기꺼이 거절하는 모습을 보고, 평소 자신 있는 분야의 일을 맡기면 정말 잘 해낼 것이라는 확신이 들었다는 것이다.

이것은 때로는 거절이 관계 발전을 위한 최선의 방안이 될 수도 있음을 보여주는 좋은 사례다. 평소 단골 고객을 우대하고 오랫동안 이어져온 관계를 잘 관리했더라도, 고객에게 이익이 되지 않는 일을 받아들일 경우 당장은 거래를 할 수 있을지 몰라도 장기적인 고객 관계에는 해가 될 수 있다. 모든 고객(혹은 잠재 고객)이 요구하는 일을 전부 다 받아들이려고 했다가는 문제가 발생한다. 요구하는 것마다 일일이 다 수락하면 곧 자원이 고갈되고 수익도 줄어든다. 그리고 결국 자기가 할 수 없는 일까지 해야 하는 처지가 된다. 이렇게 교훈을 얻는 일에만 시간을 허비해 버리면 수익을 올릴 시간은 부족해진다.

- 상대의 아이디어를 거절해야 하는 경우. 고객이 여러분의 사업과 관련해서 어떤 제안을 했는데 그것이 실행 불가능한 아이디어라면 그 사실을 솔직하게 말해야 한다. 단, 아이디어는 거절해도 사람까지 거부해서는 안 된다. 고객은 결과를 알려주지 않은 채 내내 기다리게 하는 것보다는 차라

리 곧바로 정직한 거절의 말을 듣는 것을 좋아한다.

- **법에 저촉되는 경우.** 때로는 어떤 일을 부탁받고 수락하는 것이 법에 저촉되는 일인 경우도 있다. 이런 경우라면 일은 간단하다. 대부분의 고객이 거절 이유를 들으면 수긍하기 때문이다.
- **비윤리적인 일인 경우.** 매우 민감한 문제가 될 수 있다. 하지만 자기 마음이 불편하거나 세상 사람들이 알까 봐 두려운 일이라면 절대 해서는 안 된다. 전문가다운 교섭 능력을 발휘하면서 끝까지 자기 입장을 고수해야 한다.
- **회사 정책에 어긋나는 경우.** 이건 정말 까다로운 상황이다. 나는 회사 정책상 이런 일 혹은 저런 일은 해줄 수 없다면서 거절하는 사람들을 정말 싫어한다. 하지만 회사 정책이 무엇을 위한 것이냐에 따라 고객의 반응이 달라질 수 있다. 고객의 이익을 위한 것(예: 안전 문제)이냐, 아니면 고객을 통제하기 위한 것(예: 치즈버거에서 베이컨을 빼드리는 건 불가능합니다)이냐가 문제라는 얘기다.
- **수락하는 것보다 거절하는 것이 더 나은 경우.** 고객들은 자신의 구매 습관을 고수하는 일이 많기 때문에 고객에게 평소와 다른 제안을 하는 것이 실제로 도움이 되기도 한다. 대용품은 다양한 상황에서 제시할 수 있는 대안이다. 경우에 따라 직접적으로 제안할 수도 있지만 때로는 독창적인 접근 방법이 필요하기도 하다. 태도만 적절하다면 '거절'을 통해 여러분의 회사가 얼마나 좋은 기업인지 알릴 수 있는 기회를 얻기도 한다.

- **재고가 없는 경우.** 여러 가지 이유로 인해 재고가 소진되거나 상품이 매진되어 더 이상 판매할 수 없는 경우가 생긴다. 이런 상황을 솔직하게 말하면 고객도 훨씬 배려하는 모습을 보여줄 것이다.
- **최종 기한을 맞출 수 없는 경우.** 배송에 소요되는 시간이나 마감 시한을 정직하고 현실적으로 얘기하면, 비록 그것이 듣고 싶었던 정보가 아니라 할지라도 고객이 이해해줄 가능성이 높아진다. 고객의 부탁을 수락했는데 약속을 지키지 못한다면 결국 고객을 잃게 된다. 고객을 실망시키는 것은 가장 하기 힘든 일 가운데 하나이기는 하지만, 스스로 정직하게 행동하고 필요할 때는 거절할 수 있는 용기를 가져야 한다. 아무리 고객이 부담을 준다고 하더라도 이용 약관상 불가능하다는 것을 뻔히 아는 일을 받아들여서는 안 된다.

'거절'로 인해 생기는 타격

모든 고객 경험은 순간순간의 감정으로 연결되기 때문에 '거절'의 말을 듣는 순간이 정말 중요하다. 이 순간을 긍정적인 혹은 감동적인 순간으로 만들려면 고객이 지닌 요구를 제대로 이해해야 한다. 고객이 요구하는 것을 항상 다 들어줄 수는 없고 고객도 그것을 기대하지는 않지만, 그들이 진정으로 원하는 것(그러면서도 드러내놓고 요구하지는 않는 것)은 공정한 대우를 받는 것이다. 고객이 품고 있는 기본적인 요구가 무엇인지에 대해 살펴보자.

- **자기 말을 경청하고 얘기할 기회를 주는 것.** 때로는 고객이 원하는 게 이게 전부인 경우도 있다. 여러분이 그들의 요구에 응해줄 수 없다는 사실을 아는데도 말이다. 고객의 말을 가로막고 싶은 충동을 참아야 한다. 고객의 말을 경청하면서 진지하게 받아들이고 적절한 질문을 던지자. 그렇게 하면 여러분이 설령 거절을 하더라도 고객은 여러분이 자신의 일에 진정 어린 관심을 보이고 있고 할 수 있는 일이 있으면 해줄 것이라고 느끼게 된다. 또 여러분이 먼저 고객의 말에 귀 기울이면 고객도 여러분이 하는 말을 귀담아듣게 된다.
- **존중하는 태도로 대하는 것.** 인간의 모든 욕구 가운데 가장 기본적인 것이므로, 늘 예의 바르고 정중한 태도로 고객을 대하고 가능하면 친절하고 따뜻한 모습을 보이는 것도 좋다.
- **부드럽게 거절당하는 것.** 고객의 청을 거절하는 이유가 무엇이든 간에 상대방의 감정이 상하지 않게 주의하고 실망감을 이해해야 한다.
- **자신을 중요한 존재로 느끼는 것.** 경청하는 태도를 보이면 고객이 이런 느낌을 받을 수 있다. 고객의 이름을 부르면서 그들의 기여를 인정하고 감사의 마음을 전한다. 또 질문은 언제든 환영이며 항상 고객의 의견에 귀 기울이고 있다는 사실을 알린다.
- **자존심을 지키는 것.** '안 된다'는 거절의 말을 들으면 애초에 부탁한 일 자

체가 바보처럼 느껴진다. 언제든 다시 부탁해도 창피 당하는 일이 없을 거라고 느끼게 해야 한다.

- **공감과 이해.** 비판이나 주관적인 판단 없이 고객의 관점을 이해하기 위해 가능한 모든 일을 다 한다.
- **합당한 이유.** 합리적으로 설명하면 대부분의 고객이 받아들이기 때문에 여러분이 거절해야 하는 이유를 충분히 설명하는 것이 좋다.
- **정직한 태도.** 고객들은 자기가 듣고 싶지 않은 소식이라 하더라도 명확하고 솔직하게 말해주는 편을 더 좋아한다. 무엇보다도 확실한 표현을 사용해야 한다. 예컨대 '그런 일은 해드릴 수 없을 것 같습니다'라고 말할 경우, 뭔가 다른 일은 가능할 수도 있다는 인상을 풍기기 때문에 고객이 혼란과 짜증을 느끼기 쉽다.
- **융통성과 대안.** 고객은 '그건 안 되지만 이런 거라면……'이라는 말을 좋아한다. 선택 가능한 다른 방법이 있고 여러분이 그 일을 도와줄 것이라는 사실을 알고 싶은 것이다. 고객과 협의할 생각이 있다면 그 사실을 고객에게 알리자.
- **영향력.** 고객은 어떤 일의 결과에 자기가 영향을 미쳤다고 느끼고 싶어 하므로 고객을 그 일에 참여시킬 수 있는 방법을 찾아보자.
- **한 인간으로 대접받는 것.** 이런 욕구는 성격 유형과도 관련이 있으며, 다양한 행동 유형마다 특정한 개인적 요구가 따로 있다.

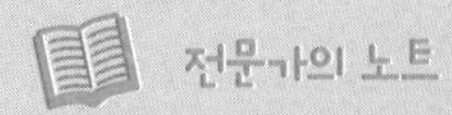

전문가의 노트

성격 유형에 따른 거절 방법

- **빨간색 고객** : 이들의 자존심을 건드리지 않도록 각별히 주의해야 한다. 빨간색 유형에게는 사회적 지위가 매우 중요하므로, 이들이 어떤 아이디어를 제안했는데 도저히 활용할 수 없는 상황이라면 그들의 자존심을 건드리지 않고 거절할 방법을 찾아야 한다. 또 숨김없이 말하는 것과 솔직한 태도를 좋아하므로, 여러분이 감정을 중시하는 유형(초록색 또는 노란색)이라면 시시한 얘기를 이것저것 늘어놔서 상대를 짜증나게 하는 일이 없도록 주의해야 한다. 이들은 단도직입적으로 말해주는 것을 더 고맙게 여긴다.
- **파란색 고객** : 이 유형은 '거절'에 대한 명확하고 자세한 이유를 알고 싶어 한다. 이들은 논리적인 주장을 원하고 감정이 개입되는 것은 좋아하지 않는다. 또 이들은 실망감을 느낄 경우 상대를 안심시키는 말이나 행동을 별로 하지 않으므로, 여러분이 감정을 중시하는 유형이라 하더라도 그들의 이런 행동을 사적인 문제로 받아들여서는 안 된다.
- **노란색 고객** : 감수성과 친밀함이 매우 중요하다. 이들의 감정을 예민하게 알아차려야 한다(여러분이 논리를 중요시하는 사람이라 하더라도 이 유형의 고객을 상대할 때는 논리와 이성보다는 공감과 이해가 중요하다). 이 유형의 기분을 북돋아 주려면 뭔가 긍정적인 말이나 행동으로 대화를 마무리해야 한다.
- **초록색 고객** : 이들은 다른 무엇보다 여러분을 생각한다. 말하기 힘든 거절의 메시지를 전하는 여러분의 기분이 어떠할지를 걱정하고 공감하는 것이다. 여러분도 이들이 보여주는 것과 같은 정서적인 감수성을 표현한다면 어떤 일이든 용서받을 수 있다.

'거절'할 때는 Y.E.S.를 활용하자

이 간단한 두문자어를 사용하면 고객의 요청을 거절하면서도 그들의 호의는 그대로 유지할 수 있는 중요한 기술을 기억하는 데 도움이 된다.

여러분You. 최대한 성의를 보인다. 고객과 친밀한 관계를 맺고, 여러분이 고객의 입장을 이해하고 배려하고 감사해 한다는 사실을 보여줄 수 있는 방법을 총동원한다. '물론 이런 답을 듣고 싶지는 않으셨겠지요', '실망스러우시리라는 것 압니다', '이번에는 고객님의 요청을 완전히 들어드리지 못해 죄송합니다' 같은 표현을 사용하는 것이 좋다. 말투와 신체언어가 전달하는 내용과 일치해야 하며 차단 언어를 사용하지 않도록 주의한다.

설명Explain. 거절할 수밖에 없는 이유를 설명한다. 속이는 부분 없이 정직해야 한다. 제삼자에게 책임을 돌릴 수 있는 상황이라면 고객이 보다 쉽게 받아들일 것이다. "지금은 14사이즈가 하나도 없네요. 날씨가 이렇게 안 좋다 보니 저희도 물건을 하나도 못 받았거든요."

해결책Solution. 여러분이 고객에게 해줄 수 있는 일을 말하거나 달리 어떤 도움이 필요한지 물어본다. 고객에게 진정한 감동을 줄 수 있는 기회다.

"14사이즈가 많이 남아 있는 다른 옷들 중에 고객님의 몸매나 취향에 맞을 만한 옷들이 있어요. 탈의실에 가 계시면 제가 입어보실 수 있게 몇 벌 가져올게요." 혹은 대안을 제시한다. 고객이 원하는 최종 시한을 맞추거나 찾는 제품을 공급하는 것은 불가능하지만 고객이 기본적으로 원하는 것이 무엇인지 안다면 대안을 제시해보자. 그와 동시에 다음에 소개하는 사례처럼 고객을 위해 특별한 노력을 기울인다면 고객을 진정으로 감동시킬 수 있는 기회가 되기도 한다.

Example!!!

우리 가족이 좋아하는 브라질 식당 라스 이구아나에서 받았던 또 다른 감동을 소개하겠다. 맛있는 식사를 즐기고 나자 평소처럼 웨이터가 다가와 디저트를 먹겠느냐고 물었다. 메뉴판을 받아든 아들과 두 딸은 디저트를 골랐지만 남편은 디저트를 먹지 않겠다고 했다. 부지배인인 알레한드라 프리스는 혹시 다이어트 중이라서 그러냐며 이유를 물었다. 남편은 자기는 스티키 토피 푸딩과 커스터드를 먹고 싶은데 여기는 브라질 식당이라 그런 디저트가 없기 때문이라고 말했다. 부지배인은 남편과 잠시 농담을 나누더니 우리가 주문한 디저트를 준비하려고 자리를 떴다.

10분 뒤에 다시 우리 자리를 찾은 그녀는 디저트 준비가 약간 늦어지고 있지만 곧 완성될 거라고 말했다. 그리고 5분 뒤, 우리 자리에 가져온 디저트 중에 남편을 위한 스티키 토피 푸딩과 커스터드까지 포함되어 있는 것을 보고 우리는 정말 깜짝 놀랐다. 남편이 뛸 듯이 기뻐한 것은 물론이고 말이다. 나중에 알고 보니 직원 한 명을 슈퍼마켓에 보내서 특별히 만든 푸딩을 사온 것이라고 했다. 게다가 푸딩 값도 받지 않았다. 우리는 수많은 사람들에게 이 감동의 순간에 대해 얘기했고 지금도 그 식당에 갈 때마다 당시의 일을 떠올리곤 한다. 현재 이 식당에 대한 우리의 감정 척도는 지극히 높은 수준이라서 어지간한 사건이 있지 않고는 마음이 쉽게 변하지 않을 듯하다. 말 그대로 음식을 우리 얼굴에 집어던지기라도 하지 않는 한 계속 좋은 감정을 품게 될 거라는 얘기다.

이 사례는 우리가 고객들에게 진정한 감동의 순간을 선사해서 감정 척도가 최고조에 달하면, 그 고객이 계속 우리를 찾아주고 주변 사람들에게 추천도 해줄 뿐만 아니라 감정 은행의 잔고가 풍부하기 때문에 여러 가지 일이 생겨도 용서해줄 것이라는 사실을 보여 준다.

벽돌담처럼 높고 완강한 거절

고객을 화나게 해서 쫓아내고 싶다면, 고객과 그들이 원하는 것 사이를 가로막는 벽돌담 구실을 하는 것만큼 빠르고 확실한 방법도 없다. 거절 자체만으로도 마음이 불편하고 기분이 안 좋은데, 거기다가 고객에 대한 공감이나 도와주려는 마음이 전혀 없는 태도로 그 말을 한다면 그야말로 고객을 격분시키기에 더없이 확실한 방법이다.

어떤 표정이나 말투로 거절했을 때 고객이 크나큰 장벽을 만난 듯한 느낌을 받는 걸까?

- '그 일에는 도움을 드릴 수가 없습니다. 회사 정책이 그래서요.'
- '저희 이용 약관을 읽어보셨나요?'

- '그 문제를 처리하는 건 제 소관이 아닙니다.'
- '저는 잘 모르겠네요. 도와드릴 수가 없습니다.'
- '그건 제 권한 밖의 일입니다.'
- 멍하니 바라보는 시선
- 고개를 숙이고 시선을 맞추지 않는 태도
- 시선을 돌리는 행동

Example

내 딸은 마을버스를 자주 이용하는데, 난 버스 운전사들이 하는 일에 대해서는 잘 모르지만 그들 중에는 버스 승객을 고객으로 대하지 않는 이들이 많다. 하루는 딸이 버스 정류장에서 버스를 기다리고 있었는데, 마침 비가 내리는 날이라 간이 대합실 안에 들어가 있었다. 그때 버스 한 대가 매우 빠른 속도로 달려오는 것이 보였다. 딸은 대합실 안에 있었기 때문에 버스를 멈추려고 얼른 밖으로 뛰어나가야만 했다. 딸을 발견하고 급정거를 해야 했던 버스 운전사는 내 딸을 심하게 나무랐다(자기가 과속을 했던 것도 급정거의 한 원인임에도 불구하고). 그는 무례한 태도로 아이를 인신공격했다. 그리고 딸이 버스 요금을 내려고 10유로짜리 지폐를 건네자 운전사는 20유로 지폐는 받지 않는다고 적혀 있는 표지판을 가리키면서 잔돈이 없으니까 그냥 내리라고 말했다. 딸은 자기가 내는 건 10유로짜리 지폐니까 이런 식으로 탑승 거부를 하면 안 된다면서 운전사와 말다툼을 벌이기 시작했다. 그러자 운전사는 당장이라도 그 애를 버스 밖으로 밀어내버릴 듯이 위협했고 결국 딸은 빗속에서 집까지 걸어오는 수밖에 없었다.

이것은 강경한 거절의 좋은 사례인데, 만약 내가 그 버스 운전사를 만나게 된다면 마침내 내 딸에게 운전을 배우려는 의지를 불어넣어준 것에 대해 감사 인사를 하고 싶다. 이 시나리오에서 몇 가지 다른 옵션을 생각해볼 수도 있을 것이다. 운전사가 약간의 융통성과 공감 능력만 발휘했어도 내 딸에게는 완전히 다른 경험이 되었을 수도 있다.

전문가의 노트

강경한 거절 방식과 고객을 격분하게 만들 만한 일이 뭐가 있을지 최대한 많이 떠올려 보자(여러분이 고객서비스 팀의 일원이라면 팀원들 모두를 이 작업에 동참시킨다). 얘기를 나누다 보면 절대 벌어지지 않을 법한 일들도 떠오르겠지만, 그래도 이 작업을 하다 보면 재미도 있고 또 우리가 결코 해서는 안 되는 일들을 기억하는 데도 도움이 된다.

타고난 성격 유형이 노란색이라서 남을 기쁘게 해주거나 남의 호감을 사는 것을 좋아하는 나는 고객의 요청을 거절할 일이 절대 없었으면 하고 바란다. 고객의 요청을 받아들이는 일은 언제나 쉽지만 거절하는 데는 여전히 노력이 필요하다. 난 오랫동안 알아온 고객과 협상을 벌이는 것보다는 내가 모르는 신규 고객을 상대하는 쪽이 더 쉽다. 협상을 하다 보면 반드시 뭔가를 거절해야 하는 경우가 생기기 때문이다. 이 장에서 소개한 기술을 사용하려면 연습과 자신감이 필요하지만, 그 기술들을 자주 활용할수록 고객과의 관계가 좋아진다는 것을 깨달았다. 상대를 존중하는 마음이 커지고 서로 협력 관계를 맺은 듯한 느낌이 들기 때문이다. 또 거절을 좀 더 긍정적인 필터를 통해서 바라보게 된 덕분에 예전처럼 거절이 마냥 두렵지만은 않다.

알맹이만 쏙쏙!

- 가능하면 고객의 청을 받아들이는 것이 좋다.
- 거절이 항상 나쁜 것만은 아니다. 고객에게 오히려 이익이 될 때도 있다.
- 고객의 이익을 위해서 거래를 거절하는 경우, 고객의 신뢰도와 충성도가 높아지고 결국 나중에 보상이 돌아온다.
- 고객의 기본적인 요구를 충족시키면 거절의 충격을 최소화할 수 있다.
- 다양한 성격 유형의 개별적인 요구를 파악해서 최대한 맞춰줘야 한다.
- 거절할 때는 Y.E.S. 전략을 활용한다. 여러분(사적으로 친절하게 대한다), 설명(이유를 정직하게 말한다), 해결책(다른 대안을 제시하고 융통성을 발휘한다).
- 고객을 감동시킬 방법을 찾고 필요한 수고를 마다하지 않는다.
- 지나치게 강경한 거절 태도를 피한다.

chapter

08

판매량을 늘리는 방법

고객이 기분이 좋을 때 잘 설득해서 판매량을 늘리거나 가격이 좀 더 비싼 제품을 구매하게 하는 것은 방법만 정직하다면 우리와 고객 모두에게 좋은 일이다. 우리는 수익을 높일 수 있고 고객은 신뢰하는 기업이 제공하는 마음에 드는 제품과 서비스를 통해 더 많은 가치를 얻을 수 있기 때문이다. 이런 경우에는 지금까지 이 책에서 살펴본 모든 원칙을 고수하고 항상 고객의 요구를 민감하게 알아차리는 것이 매우 중요하다. 그런데 기존 고객들에 대한 판매량을 늘린다고 하면 왠지 좋지 않은 시선, 혹은 오명이 따라붙곤 한다. 약간 미심쩍거나 정정당당하지 못한 기분이 들기도 하고 섣불리 판매량을 늘리려고 했다가 그동안 쌓아온 관계를 망치면 어쩌나 하는 걱정이 들기도 한다. 우리는 먼저 이런 사고방식부터 바꿔야 한다. 항상 고객을 소중하고 감사한 존재로 여기면서 존중하는 태도로 대해왔다면 판매량을 조금 늘린다고 해서 갑자기 관계에 금이 가거나 하지는 않는다. 여러분에게는 그럴 자격이 있다. 지금까지 고객에게 훌륭한 서비스를 제공해 왔다면 고객은 여러분이 더 많은 상품을 권하는 것을 기대하고 또 원하기까지 한다.

자기는 영업사원이 아니라고 강변하는 고객서비스 담당 직원이 많지만, 사실 그들도 영업사원이 맞다. 자기 회사를 대표해 고객들을 직접 대면하는 사람들이니 말이다. 따라서 이들은 영업사원들과 달리 처음부터 고객의 편에 서서 고객을 돕고 지원하는 사람으로 비치는 특권을 가지고 있다. 물론 영업사원도 고객서비스를 제공하므로 이 둘은 불가분의 관계로 묶여 있다.

고객의 적극적인 구매를 유도하는 방법은 여러 가지가 있는데, 내가 생각하기에 가장 중요한 방법은 상향 판매*와 교차 판매**, 독창적 판

---

* **상향 판매**up-selling

다음과 같은 방법을 통해 고객의 주문 액수가 늘도록 설득하는 것이다.

- 고객이 현재 구매를 고려하고 있는 제품보다 가격이 비싼 상위 버전의 제품 구매를 유도하는 것. 예를 들어, 외식의 즐거움을 한층 높이기 위해 생각했던 것보다 좀 더 값비싼 와인 권하기.
- 현재 주문한 제품 가운데 핵심 또는 기본이 되는 제품과 관련이 있거나 그것의 성능을 높일 수 있는 제품이나 서비스를 추가하도록 유도한다. 예를 들어, 의상을 돋보이게 할 수 있는 액세서리 권유.

** **교차 판매**cross-selling

고객이 현재 구매를 고려하고 있는 제품과 수평적으로 관련된 다른 유형의 제품/서비스를 판매하는 것이다. 예를 들어, 여러분이 새 차를 구입할 때 대리점에서 대금 지불을 위해 자동차 회사에서 자체적으로 판매하는 금융 패키지를 구입하라고 권유하기.

매*, 그리고 신제품 소개**다.

상향 판매

> 고객이 자신의 진가를 인정받는다는 느낌을 주는 것이 중요하다.

아마도 고객에게 더 많은 제품을 판매할 수 있는 가장 쉬운 방법일 것이다. 고객은 이미 뭔가를 구입해서 기분이 좋아진 상태고 구매욕도 한껏 자극되어 있다. 이때 접근하는 태도가 적절치 못하면 고객 경험을 망치고 한껏 좋았던 기분을 나쁘게 만들 수도 있다. 고객의 입장에서 볼 때 자신의 요구에 부합하거나 이미 구입한 물건의 성능을 높일 수 있는 뭔가를 권유받았다고 느껴야 한다. 앞에서 내가 아마존의 열렬한 팬이라는 얘기를 했었다. 아마존은 상향 판매의 진정한 대가로, 고객에게 유용한 정보를 제공한다는 영리한 방법을 이용하면서 항상 고객이 주도권을 쥐게 해준다. 개인적으로는 아마존에서 내가 좋아할 만한 다른 책을 권해주는 방식이 무척 마음에 든다. 나는 책을 좋아하는 데다가 이런 방식은 공격적인 영업 기술이라기보다는 한층 강화된 고객서비스로 느껴지기 때문이다.

---

* **독창적 판매**
고객의 구체적인 요구에 맞는 뭔가를 새롭게 만들거나 고객이 더 많은 제품을 구매하도록 유도할 수 있는 새로운 서비스를 제공하는 것이다.

** **신제품 소개**
고객이 관심을 가질 만한 신제품으로 고객을 공략한다.

Example 기!!!

밀턴 케인즈Milton Keynes에 있는 지그재그라는 미용실에서 일하는 내 단골 미용사 조는 상향 판매의 진정한 달인이다. 첫째, 그녀는 뛰어난 미용사고 둘째, 내게 항상 최고의 서비스를 제공해준다. 무엇보다 중요한 점은 그녀가 항상 내 말에 귀를 기울여 준다는 것이다. 그래서 조가 새로 나온 샴푸를 권하거나 모발에 윤기를 더해주는 트리트먼트를 받으라고 하면 나도 그 말을 귀담아듣고는 응하는 경우가 많다. 그녀가 강압적으로 밀어붙인다는 느낌을 받은 적은 한 번도 없다. 그저 고객의 경험을 증진시키려는 노력으로 받아들일 뿐이다. 조는 항상 내게 적합한 것만을 권유하고 혹시라도 내가 거절하면 그걸로 끝이지 더 이상 압박감을 주거나 하지 않는다.

상향 판매 방식을 이용해 고객에게 구매를 유도할 때 활용하는 중요한 기술이 하나 있는데, 그건 바로 고객에게 자신의 진가를 인정받는다는 느낌을 주는 것이다. '고객이 잊지 못하는 단 한 가지는 바로 그때의 기분'이기 때문에 고객이 행복을 느끼게 하는 것이 무엇보다 중요하다. 돈벌이보다 이 부분에 더 신경을 쓴다면, 결국 돈을 많이 벌게 되는 것은 물론이고 여러분의 제품과 서비스를 계속 구매하고 싶어 하는 행복하고 충성스러운 고객을 갖게 될 것이다.

상향 판매의 가장 좋은 점은 사실상 별다른 노력이 필요 없다는 것이다. 고객이 어떤 식으로든 우리와 거래를 마친 뒤에 진행되는 일이기 때문에, 고객에게 이미 제품이나 서비스를 판매했다면 영업용 대화에서 가장 어려운 부분은 이미 끝난 셈이다. 고객과 친분을 쌓고 그들의 요구를 파악했으며 훌륭한 서비스를 제공해서 고객을 여러분 편으로 만든 상태다. 하지만 항상 상향 판매가 이뤄지는 것은 아니다.

상향 판매와 관련된 세 가지 큰 실수

1. 상향 판매를 위한 시도를 하지 않는 것
2. 판매원이 강매하는 듯한 태도를 보이는 것
3. 설득력 없는 방식으로 상향 판매가 이뤄져서 고객이 전반적으로 거부감을 나타내는 것

상향 판매 방법

- 고객에게 진심으로 관심을 가지고 상향 판매 기회가 있는지 잘 살피면서 긍정적인 방향으로 접근한다. 여러분이 제공하는 추가적인 제품이나 서비스를 고객이 원한다고 생각해야 한다.
- 억지로 밀어붙이려고 해서는 안 된다. 상향 판매하려는 제품에 대해서 설명하기 전에 반드시 고객의 허락을 구해야 하며, 꼭 설명해야 할 특별한 장점*이 있는 경우에도 사전에 양해를 구하자.

---

* **특별한 장점**
장점은 상대방의 필요를 만족시킨다. 고객이 필요로 하지 않는 물건이라면 그것을 구입할 이유가 없다. 예컨대 스웨이드 구두를 찾는 고객에게 원하는 구두를 한 켤레 찾아줬더니 오염 방지 기능이 있는지 물어봤다고 하자. 그러면 여러분은 고객이 오염 방지 기능을 필요로 한다는 것을 알고 적합한 제품을 상향 판매할 수 있는 것이다.

전문가의 노트

아주 당연하면서도 그만큼 중요한 일이 하나 있다. 고객과 거래를 마친 뒤, '다른 것은 뭐 또 도와드릴 일이 없을까요?'라고 묻는 것이다. 내 고객 중 하나인 칼스버그 Carlsberg 사에서는 전화 메시지에 이 내용을 추가해서 벌써부터 효과를 보고 있다.

- 상향 판매의 장점을 설명해서 고객이 추가되는 상품이나 서비스의 가치를 잘 이해하도록 한다.
- 상향 판매를 기대할 때는 폐쇄형 질문을 피해야 한다. 예컨대 식당에서 웨이터가 '디저트를 드시겠습니까?'라고 물었을 때 대부분의 사람들은 '아니오'라고 대답한다. 그보다는 메뉴판을 들고 와서 '저희 식당에는 아주 근사한 디저트들이 준비되어 있습니다. 그중 어떤 것을 드셔보시겠습니까?'라고 묻는 편이 훨씬 낫다.
- 여러분의 요구가 아니라 고객의 요구에 초점을 맞춰야 한다. 여러분이 고객의 입장이라면 결코 사지 않을 물건을 팔려고 해서는 안 된다. 또 그 제품이나 서비스가 여러분의 요구에 맞는지 아닌지는 전혀 상관이 없다. 중요한 것은 그것이 고객의 요구에 맞느냐 하는 것이다. 이런 관점에서 접근해야만 상향 판매를 정직하고 효과적으로 완수할 수 있다.
- 가능하면 여러분이 상향 판매하려는 제품의 기능을 설명하거나 고객이 매장에 있는 동안 시험적으로 사용해볼 수 있게 한다. 최근에 내 미용사

는 새로운 헤어 왁스를 써보게 해줬고 난 이번에도 또 넘어갔다.

- 관련된 제품을 패키지로 묶어서 상향 판매한다. 함께 사용하면 좋은 샴푸와 린스를 한 세트로 묶어서 특별 가격에 판매하는 것이 그 좋은 예다.
- 제품에 관한 지식이 상향 판매에 많은 도움이 된다. 전에 함께 일했던 크루즈 회사의 영업사원들에게 깊은 인상을 받은 적이 있다. 그들은 내부 선실을 선택한 고객이 그보다 훨씬 가격이 비싼 발코니실로 바꾸도록 유도하는 상향 판매의 전문가들이었기 때문이다. 이런 일이 가능한 이유는 직원들이 판매하는 상품에 관해 잘 알기에 고객에게 더욱 좋은 경험을 해보도록 설득할 수 있었기 때문이다. 덕분에 고객은 훨씬 기억에 남는 휴가 여행을 보내고 회사는 더 비싼 상품을 판매할 수 있게 되었다.
- 상향 판매를 즐겨라. 여러분이 판매하는 제품과 서비스에 열정을 갖고 그것이 고객의 경험을 높여줄 것이라고 믿어야 한다. 요즘 고객들은 판매원의 감언이설에 넘어가 물건을 구입하는 것을 싫어한다. 그들은 진

전문가의 노트

기업 간 거래를 주로 하는 회사에서 상향 판매를 시도할 때는 고객과의 관계가 무엇보다 중요하다. 충분히 시간을 들여서 고객과 친분을 쌓아야 한다. 단순한 거래 관계에서 그치는 것이 아니라 고객이 평소 중요하게 여기는 것이 무엇인지 파악하고 그들 말에 귀를 기울여야 한다. 그러면 상향 판매와 관련된 제안을 할 때도 고객이 여러분을 더 신뢰하게 된다.

심으로 고객을 돕고 싶어 하고, 본인이 판매하는 제품에 대해서 잘 알며, 자기 일을 즐기는 이들과 소통하고 싶어 한다.

교차 판매

앞에서 상향 판매를 늘리기 위해 설명한 기술이 교차 판매에도 그대로 적용된다. 다만 교차 판매는 동일한 제품을 파는 것이 아니라 그보다 성능이 뛰어난 제품 혹은 가외의 제품을 판매하는 것이기 때문에 접근이 좀 더 어렵다. 때로는 완전히 다른 제품을 판매하려고 해서 고객이 구매의 타당성을 잘 이해하지 못하는 경우도 있다. 교차 판매를 할 때는 아래의 비법을 활용해보자.

- 고객과의 관계가 확실하게 구축되어 있는 상태라면 신규 고객을 유치할 때보다 3배 더 많은 시간을 쏟아야 한다. 관계를 꾸준히 유지하려면 노력이 필요하기 때문이다. 고객사 내에 제품을 판매할 수 있는 다른 사람이 있는지 시간을 들여서 찾아보자.
- 고객 중심의 질문을 던진다. 고객들이 현재 겪고 있는 문제나 관심사를 털어놓게 한 뒤 그것을 여러분이 판매하는 제품 및 서비스와 결부시킨다. 고객의 말을 주의 깊게 잘 들으면 교차 판매를 통해서 고객의 문제를 해결하고 도울 수 있는 방법을 찾게 될 것이다.
- 지금껏 고객과 쌓아온 관계를 이용해서 고객과 관련 없는 제품과 서비스

에 관한 지식을 과시하는 기회로 삼아서는 안 된다. 그런 모습은 판매를 강요하거나 어떻게든 물건을 팔려는 모습으로 비치므로 고객이 여러분에 대한 신뢰를 잃게 된다.

- 교차 판매 기회는 자연스럽게 생기는 경우가 많다. 일례로 여러분이 테니스 라켓을 판매한다면 가방과 공, 교습 과정, 액세서리 등도 함께 판매할 수 있다. 고객이 이용 가능한 다른 제품이나 서비스도 있다는 사실을 말하기만 해도 추가 판매 목표를 달성할 수 있는 경우도 있다.

독창적 판매

이는 소중한 기존 고객을 진정으로 감동시킬 수 있는 방법이다. 고객이 원하는 제품이나 서비스만 판매하던 방식에서 벗어나 고객 자신도 몰랐던 요구를 만족시키거나 해결 가능하리라고 생각지 못했던 문제를 해결해주는 새로운 솔루션을 만들어내는 쪽으로 판매 방식이 진화하는 것이다. 이 정도 수준이 되면 여러분은 '신뢰받는 조언자'가 되고 양측의 관계는 새로운 수준으로 발전한다. 나는 최근에 한 고객사를 위해서 완전히 새로운 형태의 워크숍을 진행한 적이 있는데, 예전에 내가 교육했던 그 회사 직원들 사이에 새로운 요구가 생겨났다는 것을 깨달았기 때문이다. 이 새로운 교육을 접한 고객들은 놀라고 기뻐했을 뿐만 아니라, 기존의 교육 일정을 대폭 늘려서 워크숍을 계속 진행해 달라고

신뢰를 바탕으로 한 관계를 이어가다 보면 고객에게 더 많은 것을 제공할 수 있게 된다.

부탁했고 결국 이를 통해 업무에 중대한 변화가 생겼다. 신뢰를 바탕으로 오랫동안 관계를 이어가다 보면 고객에게 더 많은 것을 제공할 수 있는 입장이 되지만, 독창적 판매라는 것이 반드시 그렇게 거창할 필요는 없다. 신제품을 사용해보고 싶다고 말한 고객을 위해 그 제품을 대신 주문해주는 것도 한 방법이 될 수 있다.

기업 간 거래의 경우, 고객의 사업 성장에 도움이 되는 좋은 아이디어를 제공하면 고객은 단순히 고마움을 느끼는 데서 그치지 않고 여러분을 진정한 협력자로 여기기 시작하므로 차후 거래처를 바꿀 가능성이 크게 낮아진다.

Example!!!

최근에 본 새로운 기획 가운데 가장 훌륭한 것은 양방향 스마트 칠판 같은 기술 개발을 전문으로 하는 스텔제스Steljes라는 회사가 고객에게 훌륭한 서비스를 제공하면서 그와 동시에 자신들의 사업을 확장할 새로운 기회를 찾아내는 방식이었다. 이 회사는 재판매업자를 통해 제품을 판매하면서 모든 고객에게 무료 교육을 제공하는 세일즈 아카데미Sales Academy를 만들었다. 재판매업자는 이곳에서 영업사원을 교육시키고, 스텔제스는 자사 제품을 설명할 기회를 얻을 수 있는 확실한 윈윈 전략이다. 재판매업자는 무료 교육 기회를 통해 스텔제스 제품에 대해 자세히 알게 되었고, 스텔제스는 고객 호감도를 높이는 한편 경쟁사 제품과 비교해 자사 제품의 우수성을 강조할 수 있었다. 이것은 고객에게 더 많은 제품을 판매할 수 있는 매우 독창적인 방법이다.

독창적 판매는 여러분이 잠재 고객의 성공과 번영을 매우 중요하게 여긴다는 사실을 그들에게 지속적으로 알리는 과정이다. 고객 입장에서는 제품을 판매한다기보다 훌륭한 서비스를 받는다는 느낌이 들고, 여러분은 수익을 높일 수 있는 좋은 방법이다. 여러분이 판매하는 것이 무엇이든 간에, 제품보다는 고객에게 더 신경을 써야 한다. 판매량을 늘리는 것은 잠시 잊고 고객의 문제를 해결하고 그들의 필요나 욕구를 충족시키는 일에 집중하자.

해야 할 일과 해서는 안 되는 일

해야 할 일

✓ 자기가 판매하는 제품에 관한 지식이 풍부해야 한다. 제품에 대해 잘 알수록 장점을 정확하게 전달해서 잠재 고객의 마음을 끌 수 있다. 또 제공하는 제품을 보다 독창적인 방법으로 소개할 수 있는 여유도 생긴다.

✓ 제품 시장을 제대로 파악한다. 제품을 새롭게 활용할 방법이 있는가? 제품 판매 대상이 적절한가?

✓ 고객에 대해 알아야 한다. 고객의 요구를 만족시키고 있는가? 이것이 관계 구축의 결정적 요소다.

✓ 고객의 문제를 해결하거나 요구를 만족시킬 수 있는 아이디어를 찾는다. 독창적 판매란 말은 곧 뭔가 새로운 것을 만들어내야 한다는 뜻이니 기회를 찾아보자. 동료 혹은 고객들과 함께 브레인스토밍을 하면서 좋은 아이디어를 모아보는 것도 괜찮다.

해서는 안 되는 일

✗ 기회가 생겼을 때 의구심을 품어서는 안 된다. 이런 태도를 보이면 고객이 곧 눈치를 챈다. 평소에 늘 고객을 존중해 왔다면 여러분이 제안하는 제품이나 서비스도 그들에게 적합할 것이 분명하므로, 그것이 고객을 기쁘게 할 또 하나의 방법이라는 확신을 갖자.

✗ 자신의 아이디어를 함부로 속단하는 것은 금물이다. 아이디어를 고객 앞에 내놓고 그것이 가치가 있는지 없는지는 고객이 직접 판단하도록 하자.

신제품 판매

여러분이 신제품을 내놓았을 때, 여러분을 이미 신뢰하는 기존 고객들보다 그것을 더 써보고 싶어 할 만한 사람이 누가 있겠는가? 지금까지 고객에게 늘 훌륭한 서비스를 제공해 왔다면, 그들은 새로운 것을 시도하는 위험을 기꺼이 감수하는 것은 물론이고 다른 이들에게도 추천해줄 것이다.

전문가의 노트

- 신제품이 출시되면 기존 고객들에게 먼저 선보여서 입소문을 내야 한다. 그리고 신제품을 사용해준 충성스러운 고객에게는 그 대가로 뭔가 특별한 보상을 해준다.
- 가능하면 기존 고객을 신제품 개발에 참여시킨다. 내가 일했던 크루즈 회사는 최우

수 고객들을 선박 진수식에 초대해서 누구보다 먼저 새로운 배를 타볼 수 있게 해 준다. 이 행사에 초대받은 고객은 자기가 이 회사의 특별하고 소중한 존재라고 여기게 되고 새로운 여행 일정이 정해지면 가장 먼저 신청한다. 새로 나온 서비스나 제품을 기존 고객에게 할인된 가격에 제공한 뒤 피드백을 구한다.

- 당연한 얘기지만 고객에게 새로운 제품 또는 서비스 출시 정보를 알리는 것을 잊어서는 안 된다. 이메일을 보내거나 제품의 장점을 강조해서 관심을 불러일으킬 수 있는 영업 자료를 만들거나 소식지를 발송하고, 회사 규모가 그리 크지 않은 경우에는 고객에게 일일이 전화를 걸어서 알리는 방법도 있다. 고객이 신제품에 대한 정보를 알지 못하면 그것을 구입하거나 사용할 수 있는 방도가 없다.
- 기존 고객에게 새로운 제품이나 서비스를 판매하고 싶다면 그들과의 관계를 잘 유지하는 것이 매우 중요하다. 고객이 예전에 여러분과 함께 멋진 경험을 했을지 몰라도 그런 일은 쉽게 잊어버리기 때문에 꾸준히 연락을 유지할 수 있는 방법을 찾아야 한다. 난 아스날Arsenal 축구 팀의 열렬한 팬인데 이들은 시즌 내내 다양한 방법을 이용해 고객과의 접촉을 유지한다. 따라서 새로운 상품이 나왔다거나 시즌 입장권을 갱신할 때가 되었다는 연락이 와도 그게 딱히 장삿속으로 느껴지지 않고 일상적인 연락의 일부처럼 보인다. 이들은 이메일이나 자유게시판에 게시된 글을 통해서 정보를 알리고 생일이면 카드도 보내준다.
- 관리하는 고객 수가 적은 경우에는 미리 고객 프로필을 만들어두면 새로운 제품이나 서비스가 출시되었을 때 그게 해당 고객의 관심을 끌 만한 것인지 혹은 그 정보를 어떻게 전달해야 좋은지 등을 즉시 알 수 있다.

영업이냐 서비스냐

여러분이 영업 팀에서 일하든 아니면 고객서비스 팀에서 일하든 간에 두 부서에서 하는 업무에는 공통된 부분이 있다. 고객이 원하는 것을 제공해서 기분 좋은 상태를 유지하게 해주고 나중에 또다시 여러분과 거래하고 싶다는 마음이 들게끔 하는 것이 두 팀의 임무다. 고객을 제대로 보살피지 않으면 그들도 여러분의 말을 귀담아 듣지 않고 여러분을 신뢰하지도 않게 될 것이므로, 이들을 통해 더 많은 매상을 올리기가 매우 어렵다는 걸 알게 될 것이다. 내가 이 책을 쓰면서 한동안 이용했던 헬스클럽은 내게 계속해서 이런저런 마케팅을 시도하지만, 그곳에서 아주 불쾌한 경험을 했던 나는 그들이 보낸 이메일을 열어보지도 않고 우편함에 넣어둔 광고지를 훑어보지도 않는다. 훌륭한 서비스가 우선적으로 제공되어야 그 다음에 고객에게 더 많은 상품을 제안하고 판매할 수 있는 것이다. 이것이 바로 고객들이 기대하는 올바른 사업 태도다.

관리자와 경영자를 위한 지적

기존 고객을 상대로 판매고를 늘리는 것은 신규 고객을 발굴하는 일보다 훨씬 쉬우며, 그들은 이미 여러분에게 상품을 구입한 적이 있기 때문에 새로운 제안에 귀 기울이도록 설득하기도 쉽다. 하지만 직원들은 이런 식의 판매 방법에 불안을 느끼면서 고객과의 관계에 금이 갈 것이라고 여긴다. 어느 나라나 마찬가지지만, 영업에 대한 세간의 이미지나 평판이 좋지 않고 영업사원은 늘 공격적이고 물건을 강매하려 든다고 생각하기 때문에 서비스 직원들도 영업이라는 말을 들으면 불편함을 느낀다. 사실 좋은 영업은 훌륭한 서비스의 일환이지만, 이 장에서 제안한 기술을 직원들이 직접 활용하게 하려면 교육이 필요할 것이다. 직원들은 교육을 통해 자기가 하는 일에 대한 자신감과 믿음을 갖게 된다.

기존 고객을 상대로 판매고를 늘리는 것은 신규 고객을 발굴하는 일보다 훨씬 쉽다.

알맹이만 쏙쏙!

- 고객에게 더 많은 제품을 판매하려면 먼저 훌륭한 고객서비스를 제공해야 한다. 그렇지 않으면 고객의 기분이 상해서 모든 마케팅과 영업 시도를 무시하게 된다.
- 고객에게 새로운 제품을 권유할 때는 늘 정직한 태도를 취해야 한다. 고객의 요구와 관련이 없거나 취향에 맞지 않는 것을 권해서는 안 된다.
- 상향 판매, 교차 판매, 독창적 판매, 신제품 소개 등의 방법을 이용한다.
- 서비스와 영업은 서로를 보완하는 관계다. 우리가 고객을 진정으로 소중히 여긴다면 그 소중한 고객에게 제품을 판매하는 것은 결코 나쁜 일이 아니다. 고객도 그것을 기대하거나 바라고 있다.

chapter

09

고객에게 감동을 주는 일곱 가지 방법

이 책의 모든 내용은 고객에게 감동적인 경험을 선사하는 방법에 관한 것이다. 이 장에서는 좀 더 포괄적인 표제 아래에 그 내용들을 전부 모아서 정리해봤다. 고객에게 감동을 주는 일곱 가지 방법 중 어느 것을 사용하든 고객에게 특별하고 멋진 경험을 선사할 수 있다. 그중에는 여러분이나 여러분 회사에 어울리지 않는 방법이 있을지도 모르지만 그래도 마음에 드는 방법을 하나 이상 찾을 수 있으리라 생각하며, 각 방법에는 서로 공통되는 부분이 있어서 여러 가지를 동시에 사용하면 더 도움이 된다. 여기에서 소개하는 사례는 내가 직접 경험한 것으로 여러분이 다양한 분야의 고객 입장에서 할 수 있는 놀랍고 긍정적인 경험들을 보여준다. 또 고객을 감동시킬 수 있는 방법은 여기 소개하는 일곱 가지 외에도 많으므로, 여러분이나 여러분 회사만의 독특한 방법을 이용한다면 정말 좋은 결과를 얻을 수 있다.

개인적인 접촉을 강화하라

고객 관리에 있어서 인간관계의 중요성을 얘기하는 것이다. 접수처로 다가갈 때 직원이 짓는 따뜻한 미소, 고객의 이름이나 개인적인 요구를 기억해주는 것, 고객의 관심사와 고객이 하는 말에 진심으로 관심을 기울이는 직원, 일이 잘못되었을 때 고객에게 진심 어린 공감을 표하는 고객서비스 직원. 이런 감동적인 대접을 받은 고객은 기분이 좋아지는 것은 물론이고 자신의 가치를 인정받고 호감과 높은 평가를 받는다는 느낌도 든다. 마치 요정이 마법의 가루를 뿌리기라도 한 것처럼 입가에서 미소가 떠날 줄을 모른다. 이것은 단순히 예의바른 태도만 보인다고 해서 가능한 일이 아니다. 우호적인 고객들도 그런 태도는 당연한 것으로 여긴다. 진심이 담긴 태도로 고객이 그 순간 세상에서 가장 중요한 사람인 듯한 기분을 느끼게 해주는 것이 중요하다. 이런 감동은 누구라도 — 고객을 직접 대하는 직원, 관리자, 기업 경영자 등 — 줄 수 있으며, 무엇보다도 좋은 점은 돈이 전혀 들지 않는다는 것이다.

Example !!!

최근에 고객사 중 한 곳에서 새로운 선박을 진수하니 진수식에 참석해달라는 초청을 받고 정말 기뻤다. 우리는 정말 멋진 배에서 호화로운 주말을 보냈다. 그러니 당연히 기분도 날아갈 듯했는데, 그중에서도 특히 기억에 남는 것은 선상의 한 바에서 받았던 더없이 친절한 서비스였다. 첫째 날 밤에 바텐더는 우리의 이름과 무엇을 마실 것인지 물은 뒤 5분 정도 친밀하게 대화를 나눴다. 우리는 마실 것을 받아들고 저녁을 먹으러 갔다. 그날도 물론 훌륭한 서비스를 받았지만 우리가 진짜 감동을 받은 것은 다음날 밤 바에 들어섰을 때였다. 그때 받은 첫인상을 설명할 유일한 방법은, 우리를 보자마자 바텐더의 얼굴이 환하게 밝아지더니 "데브라 씨, 피터 씨, 좋은 저녁이네요. 어제 저녁과 똑같은 걸 드릴까요? 화이트와인과 맥주?"라고 물었다고 얘기하는 것뿐이다. 우리가 고개를 끄덕이자 그녀는 곧 가져오겠다고 했다. 우리는 정말 큰 감동을 받았다. 배에는 2천 명이 넘는 승객이 타고 있었는데 우리 이름과 우리가 주문한 음료를 기억하고 있는 것이다. 주말 내내 그 바에 들를 때마다 똑같이 훌륭한 서비스를 받았다. 정말 그 여행의 백미라고 할 만한 서비스였다.

고객과의 개인적인 접촉을 통해 감동의 순간을 선사하는 것으로 평판이 높은 기업들이 많다. 디즈니도 그런 기업 중의 하나다. 업계 최고의 크루즈 회사들도 이것을 중요한 셀링 포인트로 삼고 있다. 직접 얼굴을 대하든 아니면 전화를 통해서든 고객과 개인적으로 접촉하는 것은 어느 기업에게나 의미 있는 일이다.

전문가의 노트

- 여러분이 접해본 기업 중에 개인화된 서비스로 깊은 인상을 줬던 기업들을 떠올려 보자. 그 가운데 정말 효과를 발휘한 부분이 무엇인지 정확히 찾아내야 한다.
- 자기가 평소 감탄하는 기업들을 연구한다. 그들이 어떻게 그런 서비스를 제공하는지 직접 방문해서 알아보는 방법도 있다. 스테나 라인은 디즈니가 개인적인 감동을 자아내는 방법을 알아내기 위해 디즈니를 찾아갔다.

개인적인 접촉은 고객을 감동시키는 회사라는 평판을 얻을 수 있는 가장 쉽고 빠른 방법 가운데 하나다. 하지만 이 방법이 여러분이 상대하는 시장과 고객, 평소의 접촉 유형과 맞아야 한다. 식당에서 지나치게 열성적인 웨이터 — 조용하고 친밀한 분위기 속에서 식사를 즐기고 싶었는데 여러분을 한시도 가만 놔두지 않는 — 를 만나거나 상점에서 계속 뒤를 졸졸 따라다니며 지나치게 구매를 강요하는 점원을 만나본 경험이 다들 있을 것이다. 내가 가끔 장을 보러 가는 슈퍼마켓에는 참견이 심한 계산원이 한 명 있는데(물론 고객을 성실하게 대하기는 하지만), 그 정도가 너무 지나쳐서 사생활을 침해받는 느낌이 들 정도라 난 그녀가 있는 계산대는 늘 피한다. 그쪽 계산대가 비어 있어도 그녀가 다른 고객을 상대할 때까지 좀 더 주변을 배회하다가 다른 계산대 쪽으로 간다.

해야 할 일과 해서는 안 되는 일

해야 할 일

- ✓ 고객을 대하는 방식과 관련해 자기만의 행동 강령이 있어야 한다. 고객서비스 팀의 관리자라면 지침을 만들 때 팀원들을 모두 참여시키고 그 지침을 훌륭하게 이행한 직원에게 적절한 보상을 해줄 수 있는 방법을 찾자. 스테나 라인은 직원들이 동료나 자기 자신을 고객 감동상(賞) 후보로 추천할 수 있게 한다. 그 결과 모든 팀원들이 자기가 고객에게 미치는 영향을 절감하면서 고객 응대 업무를 즐기는 기업 문화가 만들어졌다.
- ✓ 고객에게 최대한 긍정적이고 상황에 어울리는 첫인상을 남기도록 노력해야 한다. 고객에게 뭔가를 약속할 때는 진심으로 하고 약속을 지키기 위해 노력한다. 최근 연구에 따르면 누군가를 만난 지 2~7초 사이에 인상이 결정된다고 한다. 고객이 여러분에게서 처음 받은 인상이 마음에 들지 않는다면 자기 생각이 옳다는 것을 증명하기 위해 여러분과 마주하고 있는 시간 내내 그 증거를 찾으려고 할 것이다. 개인적인 접촉은 처음 눈이 마주치는 순간부터 시작되어 미소와 인사로 이어진다. 똑같은 말만 앵무새처럼 반복한다거나 대본이 정해져 있는 듯한 인상을 주지 않으려면 다양한 인사말을 사용해야 한다. 각 고객마다 다른 독특한 인사말을 쓰는 것이 좋다.
- ✓ 고객의 이름을 부른다. 사람들은 다 자기 이름이 불리는 것을 좋아한다.
- ✓ 고객과의 대화를 즐긴다. 자연스럽게 상대에 대한 호기심을 드러내고 관계를 지속시킬 방법을 찾는다. 그러면 업무가 한결 즐거워지고 보람도 느껴질 것이다.
- ✓ 모든 사람에게서 긍정적인 부분을 찾는다. 고객이 기분 나쁘게 행동해도 그건 스트레스나 혼란스러운 상황 때문이지 여러분 개인의 잘못 때문이 아니다. 최근에 비행기에서 승무원에게 매우 무례하게 대하는 남자를 본 적이 있다. 솔직히 말해 처음에는 '뭐 저런 나쁜 사람이 다 있지'라고 생각했다. 하지만 나중에 그와 얘기를 나눌 기회가 있었는데 알고 보니 공항 출입국 관리소에서 그의 여권을 다른 사람 것과 혼동

하는 바람에 하마터면 체포당할 뻔한 데다가 바보 같은 화물 중량 규정 때문에 갖고 온 가방을 전부 다시 싸야했다고 한다. 그의 행동이 옳지 않았다는 것은 변함이 없지만 그래도 왜 그렇게 행동했는지 이해는 갔다. 고객을 늘 선의의 시선으로 바라봐야 한다. 또 여러분에게는 늘 고객 의 상황을 개선시킬 수 있는 기회가 있다.

✓ 좋은 경청자가 되자. 이 기술을 공들여 습득하는 것을 자신의 임무로 삼아야 한다. 이 기술은 그 무엇보다 강력한 효과와 힘을 가지고 있다. 우리가 누군가에게 보낼 수 있는 가장 큰 찬사는 그의 말에 귀를 기울여주는 것이다. 하지만 남의 말을 진심으로 경청하는 것은 매우 드문 일이기 때문에 그것만으로도 고객에게 감동을 준다.

✓ 자신의 기술을 개발할 방법을 찾는다. 각종 교육 과정과 세미나에 참가한다. 고객 서비스 분야에서 일하는 다른 사람들을 연구하고 동료의 모습에서 교훈을 얻자. 또 자신의 개인적인 영향력을 끊임없이 의식하면서 다른 사람에게 피드백을 구해야 한다. 관리자들은 직원을 교육시키는 것을 게을리해서는 안 된다. 아마도 사람을 대하는 기술은 완벽한 경지에까지 오르기가 가장 어려운 기술일 것이다.

해서는 안 되는 일

✗ 고객의 이름을 너무 자주 부르면 위선적으로 들린다.

✗ 고객을 방해꾼으로 여겨서는 절대 안 된다. 항상 고객에게 모든 정신을 집중해야 한다. 고객은 모두의 급여를 지불하는 사람임을 잊지 말자.

전문가가 되라

여러분이 고객에게 도움이 되는 전문적인 기술을 갖추고 있다면 이는 매우 값진 것이기 때문에 그 기술을 얻기 위해서라도 고객은 여러분을 찾을 것이다. 그러면 여러분은 이 기술을 바탕으로 성공을 거두고 고객들을 매번 감동시킬 수 있다. 이 방법의 핵심은 자신의 전문 기술을 기꺼이 공유하고자 하는 마음이다. 그런 기술을 가지고 있어도 고객과 공유하지 않는다면 아무 소용이 없다. 우리 동네에 작은 와인 상점이 하나 있는데 근처의 다른 주류 소매점보다 가격도 비싸고 주인이 그리 친절한 편도 아니지만 주인의 와인에 대한 지식 하나만큼은 정말 대단하다. 그는 진정한 전문가이고 와인에 대한 열정이 엄청나기 때문에 그의 설명을 듣다 보면 어느새 다양한 종류의 와인을 마셔보게 되고 또 계속 그 상점을 찾게 된다. 고객들은 자기 사업에 대해 잘 알고 거기에 열정을 품은 사람들에게 이끌린다.

고객들은 자기 사업에 대해 잘 알고 거기에 열정을 품은 사람들에게 이끌린다.

Example!!!

이건 내가 전문가를 통해서 경험하게 된 감동적인 고객 체험 가운데 최고로 꼽을 만한 사례다. 그때 나는 공항에 있었는데 당시의 행선지는 인터넷 접속이 잘 안 돼서 이메일 확인이 어려운 곳이었다. 노트북을 들고 있던 내 눈에 휴대폰 매장이 보였고, 저곳에 가면 모바일 커넥터를 구할 수 있으리라는 생각이 들었다. 모바일 커넥터를 하나 갖고 있기는 했지만 그 나라에서는 작동이 안 되는 듯했다. 휴대폰 매장에 들어서자 약간 괴짜 같은 젊은 남자 직원이 날 응대했는데 그는 별로 다정한 태도를 보이지는 않았지만 컴퓨터와 관련된 문제에서만큼은 진정한 천재였다. 그는 내가 갖고 있는 커넥터가 제대로 작동이 되는지 안 되는지를 확인하기 전에는 새 커넥터를 팔려고 하지 않았다. 그리고 온갖 방법을 다 동원해도 기존 커넥터가 작동하지 않자 새 커넥터를 가

> 져와 내 대신 필요한 설정을 다 해줬다. 컴퓨터 지식이 그리 많지 않은 나는 마음이 푹 놓이고 감동한 나머지 그를 꼭 껴안아주고 싶을 정도였다.

정말 기억에 남는 경험이었기 때문에 비록 그 매장에 다시 들르는 일은 없겠지만 지금도 그 휴대폰 브랜드에 의리 같은 것을 느낀다. 직원의 친절한 보살핌과 믿을 수 있는 사람의 도움을 받는다는 생각에 큰 고마움을 느꼈기 때문이다. 이것은 오래도록 기억되는 강렬한 감정이다. 이것은 훌륭한 고객서비스를 제공하기 위해 반드시 뛰어난 의사소통 능력을 지닐 필요는 없다는 것을 보여주는 좋은 예다. 다른 기술을 이용해 고객과 마음이 통할 수도 있기 때문이다.

최근에 유명 크루즈 회사의 영업 팀에 대한 교육을 맡은 적이 있는데, 그 팀에서 일하는 한 영업사원의 전화통화 내용을 청취해달라는 부탁을 받았다. 그는 다른 팀원들보다 좋은 영업 실적을 올리고 있었는데 평소 그렇게 활발한 편이 아니기 때문에 어떻게 그런 성과를 올리는지 알고 싶었던 것이다. 그의 통화 내용을 몇 통 들어보니 그토록 뛰어난 실적을 올리는 이유가 명확해졌다. 크루즈 여행에 있어서만큼은 누구도 따라올 수 없을 정도의 전문가였던 것이다. 그는 크루즈 여행을 정말 좋아해서 자기가 직접 수많은 여행에 참가해봤기 때문에 본인의 경험을 생생하게 고객에게 전달하고 고객이 걱정하는 부분을 확실하게 안심시킬 수 있었다. 그는 확실히 별로 활발한 스타일은 아니었다. 목소리에는 감정이 부족하고 고객과 잡담을 나누지도 않았다. 하지만 사람들은 회사로 전화를 걸어 그와의 상담을 개인적으로 요청했다.

전문가의 노트

- 여러분이 이미 자기 분야의 전문가라면 본인의 전문적인 지식을 고객과 공유하고 그 사실을 널리 홍보하자.
- 현재 전문가가 아니라면 어떻게 해야 전문가가 될 수 있을까? 여러분이 판매하는 제품 또는 서비스에 대해 공부하자. 공부를 하면 할수록 점점 흥미가 붙을 것이다. 난 예전에 TV와 비디오를 판매하는 가전제품 부서에서 일한 적이 있는데 날마다 제품을 하나씩 공부하기로 결심했다. 나는 곧 모든 제품의 전문가가 되었고 고객이 여러 모델의 차이점을 물으면 조언을 해줄 수 있게 되었으므로 이런 지식을 이용해 많은 매출을 올렸다. 또 급여의 대부분을 판매 수수료에 의존했기 때문에 수입도 대폭 늘었다.
- 다른 전문가에게 배운다. 그들의 통화 내용을 듣거나 고객과 얘기를 나눌 때의 모습을 관찰하는 것이다.
- 자기가 판매하는 제품이나 서비스에 흥미를 갖자. 어떤 대상에 열렬한 관심이 있으면 그것에 대해 배우는 일이 훨씬 쉬워진다. 나도 처음에는 TV와 비디오에 별 관심이 없었지만 흥미를 느낄 방법을 찾아냈고, 그 이후로는 저녁 모임 자리에서 늘 비디오에 대한 얘기만 늘어놓는 사람이 되었다.
- 전문가들을 관리하는 사람이라면 그들의 가치를 인정하고 제대로 평가해줘야 한다. 그들은 회사에 더없이 귀중한 인재들이다.

제품과 서비스 전문가는 그들이 일하는 회사에 매우 소중한 존재다. 이런 전문가를 많이 보유하는 경우는 드물기 때문에 그들의 진가를 제대로 인정하고 높이 사줘야 한다. 전문가는 고객뿐만 아니라 고용주에게도 귀중한 존재이기 때문이다.

거래하기 편하게 하라

내가 수없이 많은 거래를 하면서 늘 훌륭한 서비스를 받은 한 회사의 경우, 지금까지 그곳 직원들과 직접적으로 접촉한 적은 한 번도 없지만 그래도 여전히 내가 가장 좋아하는 회사 가운데 하나다. 모든 거래는 웹 사이트와 이메일을 통해서 이뤄진다. 아마존은 거래하기 쉬운 회사의 훌륭한 예이며, 그곳에서 제품을 구매할 때마다 늘 좋은 기분을 안겨준다. 가상 고객서비스를 다룬 제3장에서 아마존에 대해 살펴봤지만, 내가 여기서 말하고자 하는 요점은 기업이 손쉬운 구매 방법을 제공하는 것만으로도 고객을 감동시킬 수 있다는 것이다. 물론 이것이 가상 서비스 기업에만 적용되는 것은 아니다. 어떤 기업이든 거래하기 쉬운 환경을 갖추면 고객들에게 똑같은 경험을 제공할 수 있다.

빠르게 돌아가는 세상에서 살아가는 현대인들은 더 이상 일이 복잡해지는 것을 원치 않는다. 구매 과정이 어려우면 고객들은 낭패감과 짜증, 심지어 분노까지 느끼지만 늘 그런 일이 반복되고 있다. 바로 그렇기 때문에 기업이든 개인이든 손쉬운 거래 환경을 제공하기만 해도 고객들을 진정으로 감동시킬 수 있는 것이다.

해야 할 일과 해서는 안 되는 일

해야 할 일

✓ 고객과 신속하게 거래를 마무리 짓는 일이 여러분에게 얼마나 중요한지 보여준다. 여러분이 먼저 나서서 고객의 요구에 대응해야 한다.

✓ 고객 대응용 전화 시스템의 구성 방식을 확인한다. 나는 콜센터에 전화를 걸었을 때 담당자에게 쉽고 빠르게 연결될 경우 깊은 감명을 받는다. 요즘에는 이런 일이 갈수록 어려워지는 듯하기 때문이다.

✓ 고객의 요구를 책임진다. 여러분이 담당자가 아니더라도 전화를 이리저리 돌리지 말고 여러분 선에서 고객을 도울 수 있는 최선의 방법을 찾아야 한다.

✓ 고객을 힘겹게 만드는 복잡한 절차나 시스템, 규칙, 이용 약관 등을 모두 없애자. 수화물과 관련해 문제가 많은 정책을 고수하는 항공사들은 수많은 고객을 화나게 한다. 내 경험에 비춰보면, 이런 문제로 화가 난 고객들은 가격이 좀 비싸더라도 융통성 있고 고객을 제멋대로 휘두르지 않는 항공사로 옮겨간다.

해서는 안 되는 일

✗ 고객을 기다리게 하는 것. 가능하면 고객의 요구를 바로 처리해주고 대기 줄의 길이를 최소화한다. 그렇지 않으면 고객은 곧 포기하고 다른 데로 가버린다.

✗ 고객이 필요한 정보를 얻기 어렵게 만드는 것. 그러면 손쉽게 정보를 얻을 수 있는 곳으로 갈 것이다.

✗ 고객의 불만에 방어적인 태도를 취하는 것. 불만을 토로하기가 어렵다는 사실을 알

게 된 고객은 결국 입을 꾹 다물고 떠나가게 된다. 믿기 어렵겠지만 불만 제기를 권장하고 불만을 말하는 고객에게 감사를 표하면 감동적인 경험을 선사할 수 있다. 이런 자세를 갖춘 기업이라면 마음 놓고 거래할 수 있다고 생각하고 안심하게 되는 것이다.

✗ 기업의 편의를 위해 고객을 불편하게 하는 것. 일례로 이 책을 쓰는 동안 어떤 호텔에 묵었는데, 토요일 아침 8시에 직원이 객실 문을 두드리더니 아침을 먹을 거냐고 물었다. 왜 그러냐고 하자, 그날 오후에 대규모 관광객이 도착하기로 되어 있어서 아침 일찍부터 모든 객실을 청소하고 싶다는 것이었다. 이런 방법은 호텔 측으로서는 괜찮을지 몰라도 내게는 전혀 아니었다.

온갖 스트레스와 긴장 속에 살아가면서 늘 시간이 부족해 동동거리는 현대 사회에서 고객의 생활을 편하게 해줄 방법을 찾아낸다면 고객들은 이에 감사해 하며 계속 다시 찾아올 것이다.

긍정적인 대답이 힘이다

고객들은 여러분이 '네'라고 대답하는 것을 좋아한다. 긍정의 대답을 들으면 자기가 중요하고 특별한 사람이라는 생각이 들어 감정 척도가 상승 곡선을 그린다. 고객이 뭔가를 요청했을 때 도와줄 방법을 찾는다면 (합리적인 요청인 경우) 감동의 순간을 만드는 데 많은 영향을 미친다. 정책이나 이용 약관을 들먹이면서 고객들에게 말도 안 되는 행동을 하는 기업들이 많다. 내 친구는 대형 식당 체인의 한 지점에 아침을 먹으러 가 영국식 아침 식사를 주문하면서 해시 브라운hash brown을 빼달라고 부탁했다. 그러자 직원은 주문한 음식이 해시 브라운이 포함된 세트 메뉴이기 때문에 따로 빼줄 수가 없다고 말했다. 할 수 없이 친구는 주문한 음식이 나오자 곁들여진 해시 브라운 2개를 덜어내서 버려야만 했다. 이로 인해 친구는 약간 짜증이 나고 식당 측은 음식과 돈을 낭비하는 두 가지 결과가 생겨났다.

> 우리는 어떤 일을 할 때 한 가지 방법만 고수하는 경우가 많다.

때로는 회사가 고객의 요구를 처리하는 데 방해가 되는 규칙을 만들기도 한다. 물론 우리가 살아가려면 규칙과 지침, 그리고 이용 약관 등도 필요한 것이 사실이다. 하지만 이것이 도를 지나치면 나태한 고객 응대의 변명으로 사용되기도 한다. 어떤 일을 할 때 한 가지 방법만 고수하는 경우가 많다. 어쩌면 우리가 그 방법밖에 모르기 때문일 수도 있다. 어쩌면 그것이 고객을 돕는 가장 빠르고, 가장 저렴하고, 가장 쉬운 길이기 때문일 수도 있다. 하지만 그렇다고 해서 그게 가장 좋은 방법이라는 얘기는 아니다.

융통성을 발휘한다고 해서 손해볼 것은 없다. 고객의 요청을 기꺼이 수락하고 서비스에 감동의 요소를 추가함으로써 회사 평판을 높이고 사업을 성장시킨 뛰어난 기업들도 있다.

Example

일전에 동료와 함께 호텔에 묵었는데, 아침 식사 때 제공된 커피 맛이 너무 이상해서 전혀 마실 수가 없는 상태였다. 호텔 자체도 정말 마음에 안 들었는데 그 커피 비슷한 뭔가가 최후의 결정타를 날린 것이다. 그날 오후, 쇼핑을 하다가 맛있는 커피가 마시고 싶어져서 한 커피숍에 들어갔다. 하지만 우리가 직접 커피 머신이라도 사지 않는 한 괜찮은 커피를 마신다는 게 영 불가능한 일인 것처럼 보였다. 그래서 커피 필터를 사서 임시변통으로 커피 메이커를 만들어보자고 생각했지만 근처 어디에도 필터를 구할 수 있는 곳이 없었다. 결국 한 친절한 상점 점원이 근처에 있는 커피 체인점에 가서 물어보라고 알려주었다. 그 커피숍에 가보니 자기네 매장에서 커피를 만들 때 쓰는 필터가 있기는 하지만 판매는 안 한다고 했다. 우리는 혹시나 하는 마음에 다시 한 번 부탁하면서 아침에 마신 그 끔찍한 커피부터 시작해 온종일 겪은 여러 가지 일들을 이야기했다. 그러자 점원은 우리 얘기를 참을성 있게 들어주더니 커피 필터를 팔지 못해 유감이라고 말했다. 그리고 상사가 그러지 말라고 했음에도 불구하고 우리가 호텔에 머무는 동안 계속 쓸 수 있을 만큼 넉넉한 양의 필터를 나눠주었다. 정말 놀랍지 않은가! 내 친구는 뛸 듯이 기뻐하면서 앞으로는 계속 그 커피숍만 이용하겠다고 다짐했다.

물론 이런 융통성은 일선 직원이 스스로 결정을 내릴 권한이 있는 경우에만 발휘할 수 있다. 훌륭한 기업은 고객을 제대로 응대하는 데 문제가 생겼을 때 대안을 마련할 수 있는 방법을 직원들에게 가르치거나 훈련시킨다. 예를 들어, 식당/상점에서는 어떤 물건의 재고가 떨어지는 일이 발생할 수도 있다. 이때 그냥 재고가 없다고 말하고 끝내는 것이 아니라 다른 대안을 제시할 수 있어야 한다. 물론 그 대안이 고객의 마음에 들어야 하겠지만 이런 배려와 마음씀씀이가 모여 감동의 순간을 만들어 내는 것이다. 아니면 고객의 이익을 위해 규칙을 깨거나 융통성을 발휘할 수도 있다. 이 모두가 고객에게 믿음을 주고 책임지는 모습을 보이기 위한 것이다.

그래서 우리는 직원들에게 정말 어쩔 수 없는 경우가 아니라면 고객이 듣고 싶어 하지 않는 말은 하지 말라고 가르친다. 앞에서 설명한 융통성 있는 태도가 바로 이것이다. 하지만 이제는 내가 '서비스 대안'이라고 부르는 개념을 이용해서 이 문제에 접근해야 한다. 고객이 환영할 수 있고 또 그들이 애초에 품었던 기대를 단순히 충족시키는 것이 아니라 그것을 훨씬 뛰어넘는 수준의 대안을 제시하는 것이다. 이 목표를 이루는 것은 별로 어렵지 않다. 다음과 같은 몇 가지 질문을 스스로에게 던져보면 답을 얻는 데 도움이 될 것이다.

전문가의 노트

어떤 상황에 처했을 때 지금이 과연 규칙을 완화하고 융통성을 발휘해야 할 때인지 확신이 서지 않는다면 스스로 다음과 같은 질문을 던져보자.

- 고객이 원하는 것이 정말 불합리한 내용인가?
- 고객이 원하는 것이 어떤 식으로든 회사에 해를 미치게 될까?
- 회사 수익에 해가 될까?

- 그 일이 법에 저촉되거나 누군가에게 피해를 입히는 일일까?(이런 경우는 언제든 거절해도 괜찮다.)
- 고객에게 합리적인 대안을 제시할 수 있을까?
- 이 대안이 고객의 원래 기대를 충족시키거나 그것을 능가하는가?

이런 사고 과정을 통해 고객의 요구를 최대한 받아들이는 문화가 생성된다. 이는 회사나 회사 운영보다는 고객을 중심으로 하는 문화다. 융통성을 발휘한다는 것은 기꺼이 새로운 것을 시도하고 고객을 위해 수고를 아끼지 않는다는 뜻이기도 하다. 따라서 기계적으로 고객의 주문만 받는 것이 아니라 적극적인 문제 해결사로 변신해야 한다. 고객은 그 차이를 금세 알아차린다. 그리고 충성스러운 고객이 되어 여러분에게 고마움을 표한다. 때로는 고객의 요청을 받아들이는 것이 회사의 중요한 도약을 의미하기도 한다는 것을 깨달았다. 예전보다 독창적인 고객서비스를 제공하면 이것이 다시 다른 고객을 도울 수 있는 아이디어를 활성화하기 때문에 나는 이것을 우리 회사의 중요한 이정표로 여긴다. 다시 말해 고객이 느끼는 감동의 순간이 곧 여러분의 감동의 순간이 될 수도 있다.

고객이 느끼는 감동의 순간이 곧 여러분의 감동의 순간이 될 수도 있다.

전문가의 노트

관리자나 기업 경영자는 고객서비스 담당 직원들이 스스로 이런 질문을 던지도록 교육해야 한다. 더 좋은 방법은 다들 한자리에 모여서 고객에게 서비스 대안을 제시해야 하는 다양한 시나리오를 생각해보는 것이다. 다 함께 머리를 짜내보자. 이렇게 모은 사례를 고객의 부정적인 소식에 대처하는 방법을 가르치는 편람 겸 지침으로 삼아 직원 안내서에 공개한다.

고객을 신뢰하라

신뢰받는 것은 사랑받는 것보다 더 큰 영광이다.

– 조지 맥도널드George Macdonald

우리는 이 책 곳곳에서 다양한 색상의 필터를 통해 고객을 바라본다는 아이디어를 이용했다. 고객을 감동시키려면 항상 긍정적인 필터를 통해 고객의 모습을 지켜봐야 한다. 고객을 정직하고 믿을 수 있는 사람이라고 여기고 언제나 그들이 최선의 모습을 보여줄 것이라고 기대하자. 어쩌다 고객이 여러분을 속이는 사건이 일어나더라도 그것 때문에 고객을 긍정적으로 대하는 태도에 지장이 생겨서는 안 된다. 결코 고객을 탓하지 말고 그들의 관점을 존중하면서 선의의 시선으로 바라보라는 얘기다.

Example!!!

최근 남편에게 줄 생일 선물로 헤드폰을 샀는데 그가 어떤 형태의 헤드폰을 좋아할지 잘 모르겠어서 결국 헤드폰을 2개 구입했다. 사실 이 2개는 각기 다른 상점에서 구입했는데 양쪽 상점의 정책과 그들에게 받은 인상이 많이 달라서 상당히 흥미로웠다. 한 상점에서는 내가 헤드폰 포장을 뜯거나 어떤 식으로든 흠집이 생기면 헤드폰의 환불이나 교환이 불가능하다고 말했다. 반면 두 번째 상점에서는 남편이 시험 삼아 14일 동안 헤드폰을 써보고 마음에 들지 않을 경우 택배로 반송하면 교환 또는 환불해주겠다고 했다. 우리가 어떤 헤드폰을 환불했을지 다들 짐작이 갈 것이다.

대부분의 고객들이 겪는 최악의 감정은 범죄자 취급을 당하거나 부정직한 사람으로 보이는 것이다. 구입한 물건을 반품하려고 할 때 혹시 사용한 흔적이 있는지 검사하는 것을 지켜보면서 매우 불편한 기분을 느꼈던 경험이 다들 있을 것이다. 고객을 신뢰하면 고객도 여러분을 신뢰하고 더 많은 거래로 보상한다.

Example!!!

공정하고 효율적인 환불 정책을 표방하는 존 루이스John Lewis와 웨이트로즈Waitrose(존 루이스 그룹 소유의 고급 슈퍼마켓 체인 — 옮긴이)는 쇼핑객 1만 4천 명을 대상으로 서비스와 고객 대응 태도를 알아본 여론조사에서 최고 순위를 차지했다. 이것은 이 회사가 불경기에도 매출이 증가한 몇 안 되는 소매업체 중 하나가 될 수 있었던 중요한 이유다.

물론 신뢰는 상호 노력이 필요한 감정이므로 고객과의 약속을 지키고, 하겠다고 말한 일은 반드시 실행에 옮겨 자신의 신뢰도를 높여야 한다. 환불 보증을 약속했다면 무슨 일이 있어도 지켜야 한다. 애초에 이런 약속을 하는 목적은 고객을 안심시키기 위한 것이므로 여러분의 신뢰성을 시험받는 순간에 일을 망쳐서는 안 된다.

해야 할 일과 해서는 안 되는 일

해야 할 일

✓ 고객의 가장 좋은 면을 본다.

✓ 약속을 지킨다.

✓ 고객이 구입한 물건을 반품하거나 환불을 요구할 때 편안한 마음으로 할 수 있어야 한다.

해서는 안 되는 일

✗ 고객이 부정직할 것이라고 예상해서는 안 된다.

✗ 고객을 탓해서는 안 된다. 스스로 책임을 지자.

✗ 불평을 말한 고객을 기분 나쁘게 하거나 그들의 이야기를 의심해서는 안 된다.

정직이 최선이다

이건 정말 당연한 일이고 이렇게 가장 기본적인 기대를 충족시키는 것만으로는 고객을 감동시킬 수 없다고 생각할 것이다. 하지만 먼저 여러분과 여러분의 회사가 정직하고 진실하다는 평판을 얻어야만 그 너머로 나아갈 수 있다. 고객의 충성심을 얻는 데는 정직한 태도 이상의 방법이 없기 때문에 일단 정직하다는 평판이 쌓여야만 비로소 고객을 감동시킬 수 있게 된다. 정직한 업무 관행과 최고의 고객서비스, 성실성을 꾸준히 키워 나가는 것을 회사 정책으로 삼아야 한다. 신용도를 높여서 남들보다 돋보이고 또 고객을 감동시킬 수 있는 방법을 알려주는 몇 가지 간단한 비결을 소개한다.

전문가의 노트

- 여러분이 판매하는 제품이나 서비스를 자랑스럽게 여기고 그 상품에 대해 늘 정직해야 한다. 이 말은 여러분이 판매하는 제품이나 서비스가 고객의 요구를 만족시키지 못할 경우 그 사실을 고객에게 알리고, 그들이 원하는 것을 얻을 수 있는 올바른 방향을 가르쳐줄 각오가 되어 있어야 한다는 뜻이다.
- 여러분이 제품과 서비스 홍보 방식에 영향을 미칠 수 있는 입장이라면, 모든 광고와 마케팅을 명확하고 정직한 방식으로 진행해야 한다. 지역 신문에 난 특별 세일 광고를 보고 쇼핑센터를 찾아갔는데 세일이 벌써 끝났다거나 광고한 물건을 세일 가격으로 구입하려면 다른 물건까지 같이 구입해야 한다는 사실을 알게 되는 것만

큼 기분 나쁜 일도 없다. 이런 경우 고객들은 고의적으로 호도 당한 듯한 기분이 든다. 따라서 항상 모든 부분을 간결하게 정리해서 명확하게 밝혀야 한다. 여러분이 하는 말에 일절 흠잡을 데가 없으면 고객들은 그런 점을 존경하게 되고 진실한 기업이라는 평판이 점점 더 높아진다.

- 제품 보증을 제공하는 경우, 보증을 이용하는 방법을 정확하게 알려주고 고객이 보증을 요구할 경우 반드시 약속을 지켜야 한다. 그러면 고객이 여러분을 존경하고 신뢰하게 될 뿐 아니라 거래상의 위험이 훨씬 줄어들기 때문에 주변 사람들에게 추천도 해준다.
- 불만 제기를 유도하고 환영하며 그 과정에서 고객이 긍정적인 경험을 할 수 있게 한다. 그러면 고객 충성도가 높아지고, 여러분에게서 제품을 구입할 때의 위험성이 훨씬 낮아지기 때문에 이후 거래가 활성화되며 주변에 추천까지 해줄 가능성이 커진다.
- 모든 고객을 존중하고 공정하게 대한다. 특별 고객뿐만 아니라 모든 고객에게 동일한 거래 조건과 서비스를 제공해야 한다. 자기 지갑이 얇다는 이유로 열등감을 느끼고 싶은 사람은 아무도 없고, 또 남을 함부로 추측하는 건 위험한 일일 수 있다. 모든 고객이 자기가 그 장소에 있는 유일한 사람, 혹은 전화통화를 하는 유일한 대상인 양 느끼게 해야 한다.
- 무슨 일이 있어도 고객에 대해 절대 나쁜 말을 하지 않는 것을 개인적인 철칙으로 삼고, 관리자나 기업 경영자라면 이 내용을 회사 정책에 포함시킨다. 고객에 대해서는 늘 긍정적이고 존중하는 태도로 얘기한다.
- 고객 앞에서 경쟁사에 대한 악담을 하지 않는 것이 정말 중요하다. 왜냐하면 그건 곧 고객의 개인적인 선택을 헐뜯는 일이 될 수도 있기 때문이다. 경쟁사에 대해 긍정적으로 이야기하고 필요한 경우 그들을 추천하기도 해야 한다. 이런 태도는 고객에게 놀라움과 감동을 안겨준다.

놀라움을 제공하라

우리 고객을 비롯한 대부분의 사람들은 반복적이고 습관적인 일들로 가득한 삶을 살고 있다. 전체적으로 볼 때 우리 인간은 습관에 따라 살아가는 존재이며 이는 구매 습관에 있어서도 마찬가지다. 예를 들어, 우리는 늘 똑같은 슈퍼마켓에서 장을 보곤 하는데, 이는 물건이 어디에 있는지를 잘 알고 또 그렇게 하는 것이 당연하게 느껴지기 때문이다. 한때 깊은 인상을 받았던 일도 시간이 지나면 더 이상 예전과 같은 효과를 발휘하지 못한다. 따라서 고객 감동의 순간을 만들려면 이런 습관과 사고 패턴을 깨고 곳곳에 깜짝 놀랄 만한 요소를 배치해야 한다. 이것을 제대로만 하면 고객을 진짜 감동시킬 수 있다.

기습 감동의 좋은 점은 입소문을 통한 추천이 늘어난다는 것이다. 애초부터 고객의 반응을 이끌어내려고 계획한 일이고, 고객이 전에 경험해보거나 익숙한 일이 아니라 좋은 이야깃거리가 되기 때문에 많은 이들에게 그 얘기를 전할 가능성이 높다. 고객을 깜짝 놀라게 하면 고객 입장에서는 새로운 경험을 한 셈이므로 오랫동안 주변 사람들에게 그 이야기를 하게 된다. 내 남편을 위해 슈퍼마켓에 가서 스티키 토피 푸딩을 사온 식당 종업원 이야기를 기억할 것이다. 우리는 지금까지 수백 명에게 그 이야기를 들려주었고 이 책에도 푸딩에 대한 증언이 여러 차례 등장하지 않았는가.

> 고객을 깜짝 놀라게 하면 고객 입장에서는 새로운 경험을 한 셈이므로 주변 사람들에게 그 이야기를 전하게 된다.

제대로 하자

고객을 놀라게 할 때는 그 타이밍과 어떤 종류의 놀라움이냐에 따라 반응에 큰 차이가 생긴다. 고객의 성향과 그들이 여러분에게 기대하는 바가 무엇인지 알면 고객을 놀라게 할 방법을 생각해낼 수 있다. 날마다 고객을 접하며 지내는 이들만큼 고객에 대해서 잘 아는 사람도 없다. 그리고 일단 고객의 기대를 파악한 뒤에 그들이 미처 기대하지 못했던 것을 제공하는 것이 여러분의 할 일이다.

전문가의 노트

여러분이 관리자나 기업 경영자라면, 팀원들을 모두 모아놓고 고객을 깜짝 놀라게 할 방법을 궁리해보자. 좋은 아이디어를 제공한 직원에게는 그 공을 인정해 보상을 해줘야 한다. 때로는 그 아이디어를 실제로 채택하는 것이 가장 좋은 인정 방법이 될 수도 있다.

고객을 놀라게 하는 방법은 매우 많은데, 이런 방법을 처음 시도할 때 사용할 수 있고 또 사고 과정을 자극하는 데도 도움이 될 만한 아이디어 몇 가지를 소개한다. 때로는 눈앞에 기회가 생길 때까지 어떻게 해야 고객을 놀라게 할 수 있을지 감이 안 잡히다가 그때서야 확실히 알게 되는 경우도 많다. 그때부터는 여기에 얼마나 많은 노력과 에너지를 투자하느냐에 따라 성과가 달라진다. 한 가지 기억해야 할 점은, 우리가 누군가를 위해 좋은 일을 한 뒤에 그 사람 얼굴에 떠오르는 표정을 보거나 놀란 목소리를 들을 때만큼 기분 좋고 만족스러운 일도 없다는 것이다. 직접 한 번 해보면 자신이 느끼는 기분에 자신도 깜짝 놀라게 될 것이다.

전문가의 노트

1. 고객을 놀라게 하는 가장 쉬운 방법 중 하나는 진정한 맞춤형 서비스를 제공하는 것인데, 이 방법을 사용하면 고객은 놀라는 동시에 최고의 감동을 느끼게 된다. 소소한 감동을 계속 안겨주면서 경쟁자들보다 앞서 나가는 것을 목표로 삼자. 항상 고객의 이익을 가장 중요시하면서 고객을 위한 여러 가지 일들을 실행에 옮기는 것이다.
2. 노력을 기울이자. 너무 쉽게 포기하지 않아야 그 동안의 노력을 인정받을 수 있고 또 조직 내에서도 널리 이름을 알리게 된다.
3. 고객의 개인적인 성향에 맞으면서 실제로 도움이 되는 일을 해서 고객을 깜짝 놀라게 해야 한다. 어떤 감정(경외감, 기쁨, 즐거움, 불신, 공포 등)을 안겨주고 싶은지 결정한 뒤 그 감정을 느끼게 할 방법을 독창적으로 고안해보자. 이 일을 할 때는 처음부터 너무 무리하지 않아도 된다. 정교한 계획을 세우려고 애쓸 필요도 없다. 오히려 가급적 규모를 작게 하는 것이 좋다. 가장 큰 감동의 순간을 기대하는 것보다는 작은 일들을 제대로 해내는 편이 낫기 때문이다.
4. 고객이 미처 예상하지 못한 순간에 준비한 것을 내놓는다. 무척이나 덥던 어느 날, 호텔로 돌아가던 나는 짐꾼들이 바깥에 서 있다가 차가운 얼음물이 든 병을 호텔에 들어서는 고객들에게 나눠주는 모습을 보았다. 와우!
5. 고객에게 뭔가 색다른 것을 제공한다. 제품이나 서비스를 구매하면 무료로 선물을

증정하는 기업들이 많다. 계산대에서 쇼핑백에 쿠폰을 넣어주거나 제품을 구매한 고객에게 무료로 메이크업 브러시를 증정하거나 새로운 향을 시험해보게 해주는 식이다. 하지만 문제는 이런 행동이 고객의 기대감을 점점 높여서 더 이상 예전 같은 효과를 내지 못한다는 것이다. 여러분이 고객에게 줄 수 있는 남다른 혜택, 고객이 남들에게 얘기를 전할 만한 일이 뭐가 있을지 생각해보자. 누군가를 놀라게 하려고 반드시 값비싼 선물을 줄 필요는 없다. 그저 상대방이 예상하지 못했던 것이기만 하면 된다. 회사 로고가 찍힌 물건을 선물로 줄 때는 주의해야 한다. 대부분의 고객들이 그런 물건을 싫어하며 가치 있는 물건으로 여기지 않는다. 그런 선물을 가지고 대체 뭘 하겠는가? 그렇다, 대개의 경우 그냥 버리고 만다.

6. 고객이 생각하기에 여러분이 자기 말을 듣고 있지 않다고 생각할 때도 세심하게 귀를 기울여야 한다. 그 사람이 전혀 예상하지 못한 순간에 그에게 꼭 필요한 것을 건네준다면 놀라움과 감동을 느끼기 마련이다. 예전에 한 동료와 함께 어떤 호텔의 프런트에서 객실 열쇠를 받으면서 그날 하루가 얼마나 힘들었는지, 그리고 바에서 느긋하게 쉬면서 긴장을 풀 수 있는 시간을 얼마나 고대하고 있는지에 대해 수다를 떨었다. 우리가 바에 들어서자, 힘든 하루를 보낸 우리를 위로하기 위해 호텔에서 드리는 거라면서 스파클링 와인 두 잔을 줬다. 우리는 미처 알아차리지 못했지만 프런트의 접수원이 우리 대화를 듣고는 바 쪽으로 연락을 취했던 것이다. 이제는 이렇듯 세심한 배려를 보여준 그 호텔을 가장 애용하고 있다.

고객에게 놀라움과 기쁨을 주는 방법은 매우 다양하며 고객의 성향에 맞춘 서비스일수록 그 효과는 더욱 크다. 여러분이 평소에 제공하는 서비스가 별로이거나 다른 분야에서 고객의 기대를 충족시키지 못할 경우 놀라움과 감동을 안겨주려는 노력이 효과를 발휘하지 못한다는 사실을 명심하자. 이런 경우에는 그저 고객의 환심을 사기 위한 진실하지 못한 행동으로 비칠 뿐이므로 평소 보여주던 탄탄한 기본 위에 추가되는 별도의 노력이 있어야 한다는 점이 중요하다. 또 여러분이 항상 훌륭한 서비스와 생각지 못한 놀라움을 제공한다면 고객들은 일이 좀 잘못되더라도 여러분을 선의의 시선으로 바라볼 것이다. 무엇보다 좋은 점은 이 분야에 종사하는 모든 이들이 고객에게 좋은 기억을 선사하는 습관을 갖고 있지는 않다는 것이다. 이것이 바로 기대하지 않았던 일의 힘이고 그보다 더 좋은 성과를 올릴 수 있는 일은 없다.

알맹이만 쏙쏙!

- 고객을 감동시키기 전에 먼저 다른 분야에서 그들의 기대를 충족시켜야 한다. 고객 감동을 열악한 서비스에서 다른 데로 주의를 돌리기 위한 목적으로 이용해서는 안 된다.
- 고객을 감동시킬 수 있는 방법은 많다. 자신이 잘 하는 일에 집중하면서 남들과 진정으로 차별화될 수 있는 부분을 찾아보자.
- 고객에게 감동을 주는 일곱 가지 방법을 기억하자.

  1. 개인적인 접촉을 강화하라.
  2. 전문가가 되라.
  3. 거래하기 편하게 하라.

4. 긍정적인 대답이 힘이다.

5. 고객을 신뢰하라.

6. 정직이 최선이다.

7. 놀라움을 제공하라.

맺음말

훌륭한 고객서비스를 제공하려면 고객을 좋아해야 한다. 이는 평소 어떤 색의 필터를 통해 고객을 바라보느냐와 관계가 있다. 몇몇 기업들과 함께 일할 때 그곳 직원들이 고객에 대해 얘기하는 방식을 듣고 깜짝 놀랐다. 부정적으로 이야기하는 것은 물론이고 깔보고 비웃는 일도 많았던 것이다. 고객은 직원이 자신을 진심으로 대하는지 아닌지를 매우 신속하게 알아차릴 수 있으며 자신을 소중히 여기지 않으면 그 사실도 금방 알게 된다. 우리는 다들 훌륭한 서비스도 받아보고 끔찍한 서비스도 경험해봤지만 문제는 언제나 한결같이 훌륭한 서비스를 제공할 수 있느냐 하는 것이다. 자신의 회사나 팀 또는 한 개인의 입장에서 고객의 요구를 이해하고 그들의 중요성을 인정하는 문화를 만들어낼 수 있다면 어떤 상황에서든 훌륭한 서비스를 제공할 수 있다.

회사를 성장시키는 데는 계속해서 찾아와 거래하고, 여러분의 대변자가 되어서 입소문과 추천을 통해 제품 판매에 도움을 주는 충성스러운 고객을 확보하는 것보다 더 좋은 방법은 없다. 처음에 고객을 확보하려면 비용이 많이 들지만 그들을 잘 대우하면 들어간 비용의 10배를 회수할 수도 있다.

여러분이 이 책을 읽고 모든 기술을 실행에 옮긴 결과 훌륭한 고객서비스를 제공할 수 있게 되기를 고대한다. 직접 해보면서 그 느낌을 즐기자. 고객에게 훌륭한 서비스를 제공하는 것은 생각보다 훨씬 즐거운 일이다.